ORISON SWETT MARDEN

PROSPERIDAD: COMO ATRAERLA

Viva una vida de Libertad Financiera, Conquiste las Deudas, Incremente sus Ingresos y Maximice su Riqueza

TRADUCIDO DE LA VERSIÓN ORIGINAL DE 1922
POR MAURICIO CHAVES MESEN

Publicado por Editorial Esperanza & *BLP Business and Leadership Publishing*, Los Angeles, California, United States of America.

BANDLPUBLISHERS@GMAIL.COM

CONTENIDOS

1.
Cómo limitamos nuestra fuente

"Un hombre seguirá siendo un pordiosero, mientras sólo tenga la visión de un pordiosero."

¿Por qué ir por la vida exhibiendo los rasgos de un vasallo?

Si eres una persona de verdad, no vayas por ahí pareciendo un mendigo, hablando como un mendigo, actuando como un mendigo.

Sólo pensando prosperidad y abundancia puedes lograr una vida abundante y próspera.

Fijarnos limitaciones a nosotros mismos es uno de los pecados capitales de la humanidad.

La prosperidad fluye sólo a través de los canales que estén abiertos para recibirla. La duda, el miedo y la falta de confianza cierran estos canales.

Una mente mezquina se transforma en un suministro mezquino y limitado. Todo lo que tenemos en la vida pasa a través de la puerta de nuestro pensamiento. Si este pensamiento es mezquino, tacaño, ruin, así será lo que llegué a nosotros.

¿Qué pensaría usted de un príncipe, heredero de un reino de riqueza y poder ilimitado, que viviera en la pobreza, que fuese por el mundo quejándose de su mala suerte, mostrando a las gentes su extrema pobreza, diciendo que, como creía que su padre no le iba a dejar nada, debía irse acostumbrando a una vida de pobreza y limitaciones?

Diría, por supuesto, que probablemente está loco, y que sus duras condiciones, la pobreza y las limitaciones, no son reales sino imaginarias, que sólo existen en su mente, pues su padre está dispuesto a llenarlo de cosas buenas -con todo lo que su corazón deseara-, si sólo abriese su mente a la verdad y viviese en la condición propia de un príncipe, el hijo y heredero de un gran rey.

Ahora, si usted vive en pobreza, en un ambiente estrecho y limitado en el que parece que no hay esperanza ni perspectivas de mejorar las cosas; si no está consiguiendo lo que quiere a pesar de trabajar duro para ello, es tan tonto como el príncipe que, creyendo que era pobre, vivía como un mendigo en medio de la riqueza ilimitada de su padre.

¡Sus limitaciones están en su mente, al igual que las del príncipe estaban en la suya!

Usted es hijo de un padre que ha creado abundancia -riqueza ilimitada- para todos sus hijos, pero su pensamiento mezquino, limitado, golpeado por la pobreza le deja fuera de toda esta abundancia y le mantiene en la pobreza.

Por veinte años, Mihok, un obrero ruso de Omaha, Nebraska, llevó una "piedra de la suerte" en su bolsillo, sin sospechar que tuviera valor monetario. Una y otra vez sus amigos -que pensaban que no era una piedra común-, le sugirieron que la llevara a examinar a un joyero. Él se negó obstinadamente hasta que, finalmente, por insistencia, la envió a un joyero de Chicago. Este certificó que la piedra era un rubí "sangre de pichón", el más grande de su tipo en el mundo. Pesaba 24 quilates y su valor era de ¡$100.000! (*Unos 2.5 millones de dólares de hoy).

Hay millones de personas que como este obrero, viven en la pobreza, pensando que para ellos no hay nada aparte de trabajo duro y más pobreza, y que, sin saberlo, llevan en su grandioso interior posibilidades de riqueza más allá de sus sueños. Su erróneo pensamiento les está robando su herencia divina, cortando el suministro abundante provisto para ellos por la Fuente omnipotente de toda riqueza.

La mayoría son como un hombre que fue a regar su jardín, pero sin darse cuenta pisó la manguera y cerró el suministro de agua. Tenía una manguera grande, y estaba muy molesto, muy decepcionado, porque estaba recibiendo sólo meras gotas de agua cuando tenía todo el derecho de esperar un gran chorro. En su fuente, el agua era abundante, lista para satisfacer sus necesidades.

Pero algo estaba mal: al estar pisando la manguera, el hombre estaba limitando esos recursos a un goteo miserable.

Esto es literalmente lo que están haciendo todos los que viven en la miseria absoluta. Limitan sus recursos al pararse en la manguera a través de la cual la abundancia debería llegarles. Detienen el flujo de abundancia que es su derecho de nacimiento, debido a sus dudas, sus miedos y su incredulidad; y al visualizar pobreza, pensar en pobreza, y actuar como si nunca esperaran tener nada, lograr nada, o ser nada.

Todo en la vida del hombre, todo en el universo de Dios, se basa en principios - sigue una ley divina y la ley de la prosperidad y la abundancia es tan clara como la ley de la gravedad, tan infalible como los principios matemáticos. *Es una ley mental.*

Sólo al pensar en abundancia podemos atraer esa vida abundante y próspera que es nuestro derecho de nacimiento; o en otras palabras: de acuerdo a nuestro pensamiento, así será nuestra vida, la abundancia o carencia.

Nuestra actitud mental nos será devuelta cada vez, como un boomerang. Una actitud mental pobre te traerá sólo condiciones de pobreza.

Somos criaturas de nuestras convicciones. No podemos ir más allá de lo que creemos que somos, ni tener más de lo que creemos que tenemos. Por eso, si pensamos que nunca vamos a ser fuertes o que nunca vamos a ser aceptados por los demás, o a tener éxito en nuestra vocación, nunca lo seremos ni lo tendremos. Si estamos convencidos de que siempre vamos a ser pobres, lo vamos a ser.

No podemos escapar de la pobreza si no lo esperamos, si no creemos que lo podemos lograr. Muchos de quienes viven pobres en realidad nunca esperan nada más. Su creencia de que nunca podrán llegar a ser prósperos los mantiene en la pobreza, pues mantiene sus mentes "negativas", y la mente no puede crear ni puede producir en esta condición. Sólo la mente positiva puede crear prosperidad; la mente negativa no es creativa ni productiva: sólo puede derribar, inhibir, y evitar la llegada de las buenas cosas que anhelamos.

Lo que importa no es tanto lo que haces con tus manos como lo que haces con tu mente. Todo lo que se ha logrado por la mano o el cerebro del hombre, nació en la mente. El universo mismo es creación de la Mente Divina.

Un trabajador que anhela prosperidad, pero cuya mente lo lleva en la otra dirección mental (pues no cree que va a ser próspero), está neutralizando su arduo trabajo por su pensamiento negativo, destructivo: se está parando sobre la manguera que lo conecta con la fuente de todo.

Cuando limitamos nuestro pensamiento, nos estamos limitando hacia el exterior de una manera que se corresponde con esa actitud mental, ya que está obedeciendo una ley que no se puede cambiar.

El hombre que sólo pone monedas en el plato de las ofrendas, no sólo es mezquino, ruin y tacaño en sus asuntos de dinero, sino que su rostro, toda su persona, denota que es tacaño y ruin. Está siempre ahorrando centavos, fijándose en las cosas pequeñas y nunca haciendo grandes cosas. No importa cuanta capacidad natural tenga, sus pensamientos limitados y estrechos de pobreza lo consumen, y le cortan su acceso a la Fuente de abundancia. No puede hacer grandes cosas, porque nunca piensa grandes cosas. Su mente retorcida admitirá sólo un suministro mezquino en lugar del gran caudal que está, literalmente, a sus órdenes.

Y como no hemos aprendido a usar nuestras fuerzas de pensamiento, la mayoría de nosotros vamos por ahí como mendigos, sin vislumbrar la maravillosa herencia que nos dejó el Todo-Bondad; el Todo-Abundancia. Nuestro pensamiento mezquino disminuye nuestra provisión.

A veces nos preguntamos por qué algunos, en circunstancias que no son aparentemente mejores que las nuestras, consiguen cosas mucho mejores; por qué siempre piden y reciben lo mejor de todo. Nunca los vemos con cosas baratas, ni vemos cosas baratas en sus casas, ni mezquindad o carencia por ningún lado.

Compran la mejor comida, las mejores frutas y verduras en el mercado, y así con todo lo demás. Creemos que son extravagantes cuando comparamos lo que pagan por las cosas con lo que pagamos por cosas de la misma clase, y nos sentimos orgullosos de que estamos economizando y ahorrando lo que ellos están desperdiciando. Pero, en realidad ¿lo estamos?

¿Cómo se compara nuestro estilo de vida con el de ellos?

¿El placer que obtenemos de la vida, se compara con el placer que ellos reciben? ¿Los pocos dólares que ahorramos compensan la gran carencia en nuestras vidas?-¿La falta de excelente comida, de ropa adecuada, los pequeños viajes de placer, los placeres sociales, las comidas en el campo y las diversiones varias que hacen la vida más agradable, saludable y, sobre todo, más productiva para esos vecinos cuyas extravagancias condenamos?

Lo cierto es que más pierde el ruin que el generoso, y nuestra mezquina conducta acaba por dejarnos más pobres al final.

La prosperidad fluye sólo a través de los canales que están completamente abiertos para recibirla. No fluye a través de canales estrechados o cerrados por la idea de pobreza, por el desaliento, la duda o el miedo, o por una política de estreches.

Gastar generosamente es a menudo la economía más inteligente, lo único que trae un éxito generoso.

Si un gran fabricante como Henry Ford, un gran comerciante como John Wanamaker, un gran administrador de ferrocarriles, u otro hombre de negocios, perdiera su amplia visión y gran perspectiva, y comenzara a escatimar en lo que necesita producir; o sustituyera sus mejores bienes, servicios y capital humano por unos inferiores; o revertiera sus políticas, pasando de políticas amplias y generosas a una mezquina y estrecha, pronto vería su negocio disminuyendo hasta desaparecer.

No puede cambiarse el principio de la ley de la oferta. Sea cual sea el negocio, la profesión, el oficio, o las circunstancias, nuestra actitud mental es la que determinará el éxito o fracaso.

Una mente mezquina obtiene un suministro mezquino, pues es como tratar de conectarse a la Gran Fuente de todo suministro con un punzón y esperar obtener un suministro abundante. Eso es imposible.

Nuestra actitud mental DETERMINA cómo será lo que obtengamos.

2.
La Ley de la Atracción

Por la ley de afinidad, debes saber que lo que es tuyo siempre te estará buscando, si a la vez tú lo está buscando "con todas tus fuerzas" y no lo está alejando con tus dudas.

John Burroughs lo expresó bellamente en lo siguiente:

"No deliro más, en contra del tiempo o el destino

porque lo que es mío, vendrá a mí

dormido, despierto, de noche o de día,

los amigos que busco me están buscando.

¿"Qué importa si estoy solo?

Espero con alegría los años venideros;

Mi corazón cosechará donde ha sembrado,

Lo que es mío conocerá mi cara.

"Ni el tiempo, ni espacio, ni lo alto ni lo profundo,

Podrá mantener lo que es mío lejos de mí."

Dios nunca tuvo la intención de que sus hijos tuvieran que anhelar nada. Vivimos en el regazo de la abundancia, hay suficiente de todo a nuestro alrededor, el gran universo cósmico está lleno de todo tipo de cosas bellas y maravillosas, de gloriosas riquezas, listas para nuestro uso y disfrute.

Todo lo que el corazón humano puede anhelar o desear, la gran inteligencia creativa nos lo ofrece. Podemos extraer de este vasto océano de inteligencia todo lo que deseemos; todo lo que necesitamos es obedecer la ley de la atracción: los iguales se atraen.

Lograr prosperidad y abundancia no depende del pequeño cerebro del hombre, o de sus propios y pequeños esfuerzos. Se logra haciendo de nuestra mente un imán para atraer las cosas que queremos, para atraer nuestros deseos.

Todo lo que los humanos disfrutamos ha sido atraído del gran océano de la inteligencia de acuerdo a esta ley.

Todos los inventos, los descubrimientos, las construcciones maravillosas de la civilización, -nuestros hospitales, escuelas, iglesias, bibliotecas y otras instituciones; nuestros hogares, con sus comodidades y lujos,- todos han sido atraídos desde este gran almacén cósmico de inteligencia por la misma ley.

La intención siempre fue que nuestros anhelos y deseos legítimos fueran satisfechos, que nuestros sueños se hicieran realidad. Es nuestra ignorancia de esa ley que debería traernos lo que nos pertenece, lo que nos aleja de todo esto.

Cuando de niño usted experimentaba con su pequeño imán de acero, ¿no trató a menudo de atraer madera, cobre, caucho, o algún otro material? Y por supuesto, se dio cuenta de que no podía, porque el imán no tenía ninguna afinidad con los materiales que fuesen diferentes a sí mismo, al acero. Descubrió que atraía una aguja, pero no un palillo de dientes. En otras palabras, demostró la ley de que lo similar atrae sólo lo similar; que los iguales se atraen.

No pasa un día sin que veamos esta ley demostrada de diferentes maneras en la vida humana. A veces, las manifestaciones son trágicas. Hace poco una niña de ocho años de edad, hija de un granjero de Pennsylvania, murió de miedo en la silla del dentista, durante una extracción dental. Aunque la niña no sabía nada acerca de la ley de la atracción, la ley trabajó igual, y como Job, lo que ella más temía fue lo que llegó a ella.

Por la operación de la misma ley que atrae enfermedad y muerte, atraemos pobreza u opulencia, éxito o fracaso. La mente es en todo momento un imán para algo.

Es un imán para cualquier pensamiento, cualquier convicción que domine la mente en ese momento, y lo que es más importante, es que NOSOTROS PODEMOS DETERMINAR lo que la mente va a atraer, en qué clase de un imán se convertirá.

Ahora, podemos atraer algo que no es bueno, que nos dañará, o nos causará dolor o nos humillará. Al concentrarnos en algo y al trabajar en ello, nos convertimos en "especialistas" en eso, y la ley de la atracción nos lo da.

Si tenemos una actitud mental de prosperidad, una fe vigorosa de que vamos a escapar de la pobreza, y que vamos a lograr prosperidad y abundancia, y nos esforzamos de manera inteligente y persistente en realizar esta visión, lo lograremos.

Esta es la ley. Si la obedecemos obtendremos buenos resultados.

Si pudiésemos ver una imagen de los procesos mentales de todo lo que se tenemos en la mente, ver nuestros pensamientos; si pudiéramos ver más fracasos, más malos negocios, más deudas, más pérdidas acercándose a nosotros, pues hemos hecho contacto con estas cosas en nuestro pensamiento, nos dejaríamos de preocupar por las cosas que NO queremos y pensaríamos en las cosas que queremos, atrayendo más en vez de menos, atrayendo abundancia en vez de pobreza, prosperidad en vez de carencia.

¡Cuántas veces hacemos de nuestra mente un imán para atraer todo tipo de pensamientos enemigos! Pensamientos de pobreza, pensamientos de enfermedad, pensamientos de miedo, y pensamientos de preocupación... Y entonces, de alguna manera esperamos que pase un milagro, y que de estas semillas negativas podamos cosechar resultados positivos...

Ningún milagro puede lograr un cambio de este tipo. Los resultados siempre corresponden con causas.

Antes de que la pobreza nos pueda conquistar, debemos primero ser pobres mentalmente. La idea de la pobreza, aceptar un entorno pobre como una condición inevitable de la que no podemos escapar, nos mantiene en la pobreza y atrae más pobreza.

Pero esta misma ley atrae las cosas buenas -un mejor entorno-, a los que piensan en abundancia y prosperidad, están convencidos de que van a ser favorecidos, y trabajan con confianza y esperanza hacia ese fin. *Lo que la ley de la atracción nos trae no es lo que más anhelamos, ni las cosas que deseamos, sino las cosas que viven en nuestros pensamientos y mente, dominando nuestra mentalidad, nuestra actitud mental.*

Puede ser que la ley nos traiga las mismas cosas que odiamos y que queríamos alejar de nosotros. Como hemos pensado tanto en ellas, y han formado nuestro modelo mental, los procesos de la vida las traen a nosotros. La ley de la atracción a menudo nos atrae compañeros "odiosos", pero que han vivido tanto tiempo en nuestras mentes, que ahora deben convertirse en parte de nuestras vidas, por la misma ley de que lo similar atrae lo similar.

Hasta hace poco, muchos de nosotros no entendíamos lo que Job quiso decir cuando dijo: "Lo que mucho me temía ha llegado a mí." Ahora sabemos que él expresó una ley psicológica que es tan inexorable como las leyes matemáticas.

Sabemos que las cosas que más tememos, que nos horrorizan y de las que queremos alejarnos, son en realidad las que estamos persiguiendo debido precisamente a nuestro temor a ellas. Al predecir que van a suceder y al visualizarlas en la mente, las atraemos y cuando hacemos esto damos la espalda a lo que anhelamos

Llegará el momento en que la ley de la atracción se conocerá como el mayor poder en la creación. Es la ley sobre la cual todos los éxitos, todos los grandes personajes, todas las vidas se han construido. La Atracción Mental es el único poder sobre la cual podemos construir cualquier cosa con éxito.

Es una ley inevitable, un principio inexorable, que todo atrae hacia sí lo que es similar a sí mismo, que todo lo afín tiende a agruparse, y cuando hacemos de nuestra mente un imán, esta atraerá las cosas según nuestra visión mental, pensamientos, motivaciones, y actitudes dominantes.

El dicho "el dinero atrae dinero" es sólo otra manera de definir la ley de que "lo similar atrae lo similar". Las clases acomodadas piensan en prosperidad, creen en ella, trabajan para ella, y en ningún momento dudan de su derecho a tener todo el dinero y todas las cosas buenas que necesitan. Por supuesto, eso es lo que reciben. Ellos cumplen con el espíritu y la letra de la ley de la atracción. Un Rockefeller, un Schwab, usan esta ley de manera magistral para amasar grandes fortunas. El vendedor de periódicos usa la misma ley al vender periódicos exitosamente, y al subir gradualmente hasta llegar a ser el alcalde de su ciudad o pueblo.

Todos usamos la ley de la atracción no importa si lo sabemos o no. La usamos cada instante de nuestras vidas.

Muchos se preguntan por qué hombres malos, malvados, o viciosos, tienen éxito en los negocios, hacen dinero y amasan fortunas, mientras que gente buena, gente de bien, parece no ser capaz de progresar, y no tiene el don de acumular o hacer dinero. Las cosas buenas no parecen llegarles. Si hacen una inversión casi siempre pierden, compran sus acciones en el mercado equivocado, o venden en el mercado equivocado.

¡Es que la moral de una persona no tiene nada especial que ver con sus facultades para hacer dinero! (Esto, salvo por el hecho de que la honestidad es siempre y en todas partes la mejor política de negocios). Es sólo una cuestión de obedecer la ley de la acumulación, la ley de que los iguales se atraen.

El malo puede obedecer la ley de la acumulación, la ley de la atracción, y acumular una gran fortuna. Si es honesto, sus otros defectos e inmoralidades, su maldad, no obstaculizan el funcionamiento de la ley.

La ley no tiene que ver con moralidad -no es moral ni inmoral.

Muchos atraen cosas malas, porque no conocen la ley. Nunca aprendieron que el gran secreto de la salud, la felicidad y el éxito radica en mantener la actitud mental que construye, que crea, que nos acerca las cosas buenas que deseamos. Nunca aprendieron la diferencia entre pensamientos constructivos y destructivos; entre pensamientos de éxito y fracaso. Y no entienden que lo que viene a sus vidas, o sus empresas -grandes o pequeñas-, es en gran medida una cuestión del tipo de pensamientos que tienen en la mente.

Podemos atraer lo que deseamos tan fácilmente como podemos atraer lo que odiamos y despreciamos y luchamos por alejar de nosotros. Es simplemente cuestión de mantener la imagen de eso en la mente. Este es el modelo que los procesos de la vida van a construir en nuestro ambiente.

Lo similar atrae lo similar: el fracaso atrae más fracaso, la pobreza atrae más pobreza, el odio atrae más odio, la envidia más envidia, los celos más celos y la maldad más maldad. Todo tiene el poder de atraer más cosas de su clase. El sentimiento de celos o el odio es una semilla sembrada en la gran tierra cósmica sobre nosotros, y las leyes eternas nos devuelven una cosecha de la misma clase. Lo que sembramos es lo que cosechamos, al igual que la tierra nos devuelve exactamente lo que sembramos en ella. Nada tiene el poder de reproducir otra cosa que no sea a sí mismo.

No hay excepción a esta ley. La ley no puede compadecerse o ayudarle si se rompe un hueso, o si está herido, al igual que la ley de la electricidad no puede ayudar si se abusa de ella: si la incumples, te mata.

Pensar y preocuparse por lo que no queremos, o temer que vendrán a nosotros, no hace sino invitar esto a nuestras vidas, porque cada impresión se convierte en una expresión -o tiende a convertirse en una- a menos que la impresión sea neutralizada por su contrario. Si pensamos demasiado en nuestras pérdidas, demasiado en nuestros posibles fracasos, esto tiende a traer a nosotros exactamente aquello que estamos tratando de evitar.

Por todas partes vemos esta ley de la atracción, manifestada en la vida de las gentes pobres, quienes, a través de la ignorancia de la ley, se mantienen a sí mismos en su lamentable estado saturando su mente con la idea de la pobreza; pensando, actuando y hablando de pobreza, viviendo en la creencia de su "permanencia"; temiendo, intimidándose, y preocupándose por ella.

No se dan cuenta -pues nadie les ha dicho-, que mientras mentalmente vean siempre al *"lobo del hambre"* en la puerta y la pobreza eterna por delante, y mientras no esperen más que carencia, pobreza y condiciones duras, no sólo se dirigen hacia estas cosas, sino que hacen imposible que la prosperidad venga a ellos.

La manera de atraer la prosperidad y alejar la pobreza de la vida es trabajar en armonía con la ley de la atracción, y no en su contra.

Esperar prosperidad, creer de todo corazón que vamos a ser prósperos -sin importar lo que la 'realidad' presente pueda parecer- y creer que ya es así, es la primera condición de la ley de obtener lo que deseamos. No se puede conseguir nada dudando o temiendo.

Cualquier cosa que visualicemos y trabajemos para obtener, es lo que obtendremos. Lo que más frecuentemente visualizamos, en lo que más pensamos, se está enredando constantemente en el tejido de nuestras vidas, convirtiéndose en parte de nosotros, lo que aumenta el poder de nuestro imán mental para atraer esas cosas. No importa si es lo que tememos y tratamos de evitar; o cosas buenas que deseamos: mantenerlas en la mente aumenta nuestra afinidad por ellas e inevitablemente tiende a atraerlas a nosotros.

Es curioso que la gente acepta que hay que pasar años como aprendiz para convertirse en experto en un trabajo, profesión, o en los negocios, pero también cree que la prosperidad, es en gran medida una cuestión de azar, del destino, algo que no puede ser cambiado por nada que uno haga. Y piensan: "Bueno, así me hicieron; no soy bueno haciendo dinero y nunca lo seré." O se excusan alegando que sus padres y sus ancestros nunca hicieron dinero, o nunca hicieron nada más que apenas ganarse la vida.

No hay nada extraño en la prosperidad como tampoco lo hay en el derecho o la medicina. Obtenerla es puramente una cuestión de concentrarse y prepararse; de enfocar todas nuestras energías en la ley de la prosperidad para atraer la prosperidad; y de hacernos expertos en lograrlo. La ley de la prosperidad, de la opulencia, es tan clara como la ley de la gravedad, y funciona igual de infaliblemente. Su primer principio es mental. **La riqueza se crea primero en la mente.** Primero debe pensarse antes de que pueda convertirse en una realidad.

Si usted desea atraer el éxito, sature su mente con la idea de éxito. Desarrolle una actitud mental que atraerá el éxito. Cuando usted piensa en el éxito, cuando lo actúa, cuando lo vive, cuando lo habla, cuando está en la base de todo lo que hace, es entonces cuando lo atrae. Y una vez que logre fijar bien en su mente esta ley de la atracción, será muy cuidadoso para no atraer a los enemigos, para no contactarlos a través de su mente al pensar en ellos, preocuparse por ellos, temerles o vivir asustado de ellos. Va a tener la clase de pensamientos que atraen las cosas que anhela y busca; y no las que teme y está tratando de evitar.

Es igual de fácil atraer lo que uno quiere como atraer lo que no quiere. Es sólo una cuestión de mantener el pensamiento correcto, y hacer el esfuerzo adecuado. No hay ninguna excepción a la ley de la atracción, al igual que no existen excepciones a la ley de la gravedad o las leyes matemáticas.

3.
Alejando la Prosperidad

Mientras usted mantenga pensamientos de pobreza, se dirigirá a la pobreza. Pensamientos tacaños y mezquinos significan una provisión tacaña y mezquina.

El hombre que siembra pensamientos de fracaso, pensamientos de pobreza, no puede cosechar éxito o prosperidad, al igual que un agricultor no puede obtener una cosecha de trigo si siembra tomates.

No importa lo duro que trabaje, si mantiene su mente saturada de pensamientos de pobreza, imágenes de pobreza, está alejando aquello que persigue.

Deje de pensar en problemas si quiere atraer lo contrario;

Deje de pensar en pobreza si desea atraer abundancia.

Niéguese a tener relación alguna con las cosas que teme, con las cosas que no quiere.

Es dudando y mirando en la dirección incorrecta, mirando hacia el negro y deprimente panorama en el que no hay esperanza, que mata tu esfuerzo y paraliza tu ambición.

Una vez un hombre me dijo que si podía estar seguro de que nunca tendría que mendigar, y de que iba a tener cubiertas las necesidades básicas de su familia, estaría perfectamente satisfecho. Evidentemente -me dijo-, no era su intención tener lujos ni nada más que lo suficiente para "apenas sobrevivir", pues siempre había sido y siempre esperaba ser pobre, pues su familia antes que él también había sido pobre.

Esta actitud mental, -pues era muy trabajador-, de siempre esperar ser pobre, y de creer que siempre sería pobre, es lo que le impedía atraer prosperidad. Nunca había esperado prosperidad y, por supuesto, no podía atraer lo que no esperaba. Siempre logró apenas sobrevivir, pues eso fue lo único que esperaba hacer.

Una de las principales razones por las que la gran masa de seres humanos viven esas mezquinas "medias vidas" llenas de pobreza, son sus actitudes mentales negativas, sus dudas, temores, preocupaciones, y su falta de fe, que atraen estas condiciones.

La Biblia nos dice que "la destrucción de los pobres es su pobreza." Es decir, sus pensamientos de pobreza, su convicción de pobreza, su expectativa de pobreza, su creencia de pobreza, y esa actitud mental general de desesperanza, eso es lo que mantiene lejos la prosperidad.

Lo peor de la pobreza son los pensamientos de pobreza, la creencia de la pobreza. Multitudes de personas nunca esperan tener una vida confortable, para no hablar de tener los lujos y refinamientos de la vida.

Esperan sólo pobreza, y no entienden que esta misma expectativa aumenta la potencia de su imán mental para atraer miseria y limitaciones, aún a pesar de que conscientemente estén tratando de alejarse de ella: siempre nos dirigimos hacia nuestras expectativas y convicciones.

La pobreza comienza en la mente. La mayoría de los pobres siguen siendo pobres porque, para comenzar, son pobres mentales; y no creen que nunca serán prósperos.

El destino y las condiciones están "en su contra"; nacieron pobres y esperan ser siempre pobres: esa es su tendencia invariable de pensamiento, su convicción fija.

Si uno visita a los más pobres de los barrios marginales, los encontrará siempre hablando de pobreza, lamentando su destino, su mala suerte, la crueldad y la injusticia de la sociedad. Nos dirán cómo los de la clase alta los explotan y como sus empleadores codiciosos son los que los mantienen en esas condiciones; o simplemente, que son víctimas de un orden injusto de las cosas que no pueden cambiar. Se ven como víctimas en lugar de verse como vencedores; como conquistados en vez de conquistadores.

El gran-problema con la mayoría de aquellos que no cumplen sus deseos y ambiciones es que se enfrentan a la vida por el lado equivocado, pues no entienden el tremendo poder de la influencia que su actitud mental habitual tiene para dar forma a su vida y crear buenas condiciones.

Es triste ver a las personas convertidas en esclavas de sí mismas tratando de salir adelante, pero a la vez descarrilando todas las cosas buenas que podrían venir a ellos, bombardeándolas con su convicción de que no hay nada en el mundo para ellos salvo el "apenas sobrevivir". Así, alejan las cosas que podrían llegarles en abundancia si tuvieran la actitud mental correcta.

En todos los ámbitos de la vida vemos a hombres y mujeres alejar las cosas que quieren. La mayoría sólo piensa en lo que no quiere. Van por la vida tratando de construir vidas prósperas felices y saludables a partir de pensamientos negativos y destructivos, por lo que siempre terminan neutralizando los resultados de su arduo trabajo. Se entregan a las preocupaciones, los temores y las envidias, los pensamientos de odio y venganza, y llevan habitualmente una actitud mental que termina en la destrucción de la salud, del crecimiento y de las posibilidades creativas.

Sus vidas están afinadas a un tono menor. En sus pensamientos y sus conversaciones siempre hay una tendencia a ir "hacia abajo".

El noventa por ciento de las personas en el mundo que se quejan de su pobreza y sus fracasos van en la dirección equivocada, alejándose cada vez más de las condiciones o cosas que anhelan. Lo que necesitan es que alguien les de media vuelta, para que ahora vean en dirección a sus objetivos, en vez de darles la espalda y avanzar en la dirección contraria por culpa de sus pensamientos destructivos.

Los Morgan, los Wanamakers, los Marshall Field, los Schwabs, piensan en prosperidad y la consiguen. Ellos no imaginan pobreza ni anticipan fracaso, porque saben que van a ser prósperos y exitosos: han eliminado todas las dudas de su mente. La duda es el factor que mata el éxito, al igual que el miedo al fracaso mata la prosperidad.

Todo es primero mental, sea el fracaso o el éxito. Todo pasa a través de nuestra conciencia antes de ser una realidad. Muchas personas que trabajan duro y se esfuerzan por todos los medios para salir adelante, se sorprenderían si pudieran ver una imagen mental de sí mismos en ruta hacia la pobreza, una imagen de lo que pasa en sus pensamientos. No saben que -por una ley inexorable-, deben dirigirse hacia su actitud mental; y no importa cuán duro trabajen, si continuamente piensan y hablan pobreza y sugieren pobreza en su vestimenta desaliñada, su apariencia personal, y su entorno; y predicen que nada hay para ellos excepto pobreza y que siempre van a ser pobres, hacia allí exactamente es adónde van. No saben que sus dudas y temores y convicciones de pobreza están haciendo la prosperidad imposible para ellos. No saben que en tanto tengan tales pensamientos no pueden dirigirse hacia la meta de la prosperidad.

La suma total de nuestra vida es aquello en lo que nos hemos concentrado. Sea pobreza u opulencia, éxito o fracaso, prosperidad o necesidad, lo que haya ocupado nuestra mente, en lo que hayamos centrado nuestra atención, es justo lo que veremos incorporado en nuestra vida.

Lo que usted tiene, amigo mío, de lo que está rodeado, es una reproducción de sus pensamientos, su fe, su creencia en sus esfuerzos, es de lo que ha estado consciente.

Nuestros pensamientos, nuestra fe, nuestras creencias, nuestros esfuerzos, todo se materializa y se manifiesta en nosotros.

Nuestras palabras se convierten en carne y viven con nosotros, nuestros pensamientos, nuestras emociones, también se convierten en carne y viven con nosotros, se convierten en nuestro entorno y nos rodean.

Sólo hay una manera de escapar de la pobreza, y es ¡volviéndole la espalda! Es sacando de inmediato de su cabeza todo pensamientos de pobreza o de miedo a la pobreza.

Asuma en la medida de lo posible una apariencia próspera, piense en el camino por el que quiere ir, espere obtener lo que quiere, lo que anhela, y lo conseguirá. En la medida en que pueda, borre -mental y físicamente, en su ropa, en su entorno, en su casa, en su porte-, toda marca de pobreza.

Y afirmo junto a Walt Whitman: "Yo mismo soy la buena fortuna."

No deje que la dejadez en tu casa, el desaliño de sus hijos o su esposa, sean un anuncio desfavorable de usted. El temor a la pobreza es su mayor poder. Eso es lo que le da su dominio sobre las masas. Deshágase de ese miedo, amigo mío. Deje que el pensamiento de prosperidad llene su mente en lugar de la idea de pobreza y del miedo a la pobreza.

Si ha tenido mala suerte, no anuncie su desaliento. Anímese, vístase, arréglese, y sobre todo, mire hacia arriba y piense hacia arriba. Dele presencia "de arriba" a su hogar, por humilde que sea.

Recuerde que una corriente de abundancia no fluirá hacia un pensamiento saturado de pobreza. Un pensamiento mezquino significa suministro escaso. Pensar abundancia, opulencia, y desafiar tus limitaciones abrirán su mente y enviarán corrientes de pensamiento hacia un suministro grandemente aumentado.

Si todas las personas afectadas por la pobreza en el mundo dejaran de pensar en la pobreza, de "masticarla", de preocuparse por ella y de temerle, si limpiaran los pensamiento pobres de sus mentes, si cortaran mentalmente toda relación con la pobreza y lo sustituyeran por pensamientos opulentos y de prosperidad, por la actitud mental que da la cara y no la espalda a la prosperidad, el cambio en su condición sería increíble.

El Creador no hizo al hombre para que fuera pobre. No hay nada en su constitución que se ajuste a la monotonía y la pobreza. El hombre fue hecho para la prosperidad, la felicidad y el éxito. No fue creado para sufrir más de lo que fue creado para ser un loco o un criminal.

Miles de personas literalmente se han apartado de una vida de pobreza gracias a sus pensamientos y al haber aceptado ese gran principio fundamental: *tendemos a manifestar en la vida aquello que persistentemente mantenemos en el pensamiento y por lo cual luchamos con todas nuestras fuerzas.*

Pero no crea que con solo tener pensamientos constructivos y creativos de vez en cuando, o sólo cuando "se sienta de humor", puede contrarrestar la influencia de sostener pensamientos destructivos la mayor parte del tiempo.

Mucha gente que quiere prosperidad y opulencia, mantienen pensamientos de necesidad y carencia, y por eso sus oraciones no son contestadas. Consiguen todo lo contrario, ya que ese pensamiento y expectativa es la que predomina en su mente.

Nuestra convicción es mucho más fuerte que nuestra fuerza de voluntad. La fuerza de voluntad no puede ayudarte a hacer algo cuando está convencido de que no puedes.

Por ejemplo, si está convencido de que está siendo atacado por una enfermedad mortal que cree haber heredado, este pensamiento es infinitamente más fuerte que su fuerza de voluntad para evitarlo.

Uno no puede escapar de sus convicciones: estas se construyen en la mente, en la vida y el carácter. Si uno está convencido de que va a ser pobre, de que nunca será próspero, no importa lo duro que trabaje, esas convicciones triunfarán y uno vivirá y morirá en la miseria.

Una persona nunca será otra cosa que un mendigo mientras tenga pensamientos de miseria. Si usted está viviendo con la idea de limitación, la convicción de carencia y necesidad, el temor a la pobreza, la creencia de que nunca puede llegar a ser próspero, es usted mismo el que se está manteniendo abajo y atrás.

Está sembrando semillas que deben producir una cosecha de la misma naturaleza. Es como un niño que siembra semillas de avena salvaje y espera cosechar lo opuesto; así no puedes saturar su mente con pensamientos de pobreza, carencia, necesidad y limitación, y esperar una cosecha de prosperidad. Si usted piensa pensamientos pobres y satura su mente con pensamientos de limitación, debe esperar una cosecha correspondiente, y eso es lo que logrará, lo quiera o no.

En mi juventud, una de las cosas más difíciles de comprender en la Biblia era la declaración: "Al que tiene, se le dará." No podía reconciliar esto con la Biblia. Me parecía positivamente injusto. Pero ahora entiendo que sólo ilustra una ley. "Al que tiene se le dará," porque para conseguir lo que tiene un hombre ha convertido su mente en un imán para atraer más. Y por otro lado, "al que tiene poco, lo que tiene le será quitado", porque va en la dirección mental equivocada, cerrándose el suministro con sus pensamientos de pequeñez, sus dudas y temores: simplemente, no está en condiciones mentales para conseguir más, para atraer más.

Si desea manifestar prosperidad, debe pensar en prosperidad, mantener su mente constantemente pensando en prosperidad, saturar su mente con ella, al igual que un estudiante de derecho debe saturar su mente con leyes, debe pensar en leyes, debe leer y hablar de ello, y mantenerse rodeado de abogados y en una atmósfera legal tanto como sea posible, para tener éxito como abogado.

Dios siempre pensó en que todos deberíamos tener abundancia de las cosas buenas del universo. Nada de esto se nos niega, excepto cuando lo alejamos por nuestra pobre actitud mental. No es posible para un humano carecer de todo lo que el corazón puede desear; como no es posible que falte el agua o el suministro de alimentos para los peces en el gran océano.

El pez nada en el océano del suministro, como nosotros nadamos en el gran océano cósmico del suministro que está a todo nuestro alrededor. Todo lo que tenemos que hacer es abrir nuestra mente, nuestra fe, nuestra confianza, a esta realidad, y usar nuestro esfuerzo inteligente para conseguir todo lo bueno que hay en él, - que es todo lo que necesitamos y deseamos.

4.
Estableciendo la Conciencia Creativa

El inicio de todo logro debe estar en la conciencia. Tenemos un poder ilimitado, recursos infinitos, en nuestro "gran interior", pero hasta que despertamos a la conciencia de este poder oculto, de esos recursos invisibles, no podemos utilizarlos.

La conciencia de poder crea poder. Poseemos aquello de lo que somos conscientes. En proporción a la intensidad, la persistencia, la viveza, lo definitivo de la conciencia de lo que quiere, empiezas a crearlo, a atraerlo.

El Creador no pone límite a nuestro suministro. No hay limitación alguna de lo que sea que necesitamos excepto en nuestra propia conciencia.

El gran problema de quienes viven en un mundo de deseos y ambiciones insatisfechas es que no sostienen la conciencia correcta.

El Dr. Perry Green dice con razón que el lamento de Job - "Lo que temía ha llegado a mí" – debería ser cambiado por *"Aquello de lo que era en gran medida consciente, ha venido sobre mí. "* En otras palabras, lo que tenemos en nuestra conciencia es lo que sale del mundo invisible y toma forma visible en nuestras vidas, siempre de acuerdo a su naturaleza, - la pobreza o la prosperidad, la salud o la enfermedad, la felicidad o la miseria. Todo el secreto del crecimiento y desarrollo del individuo está encerrado en nuestra conciencia, porque esta es la puerta de la vida misma.

Cada experiencia, sea de alegría o tristeza, salud o enfermedad, éxito o fracaso, debe venir a través de nuestra conciencia. No hay otra manera de que pueda entrar y convertirse en una parte de la vida. Uno no puede tener aquello de lo que no es consciente, no puede hacer aquello que no es consciente de que es capaz de hacer.

En resumen, es una ley inmutable que, lo que uno tiene en mente, y cree que puede hacer o conseguir, es lo que manifestará en su vida.

Lo que Job tenía en su conciencia fue lo que vino sobre él.

Juana de Arco salvó a su país, ya que desde la infancia tuvo en la conciencia que eso era para lo que había nacido. Esta campesina pobre no sabía nada de la gran ley de la atracción mental, pero inconscientemente trabajaba con ella. Y sin su conciencia de victoria nunca podría haber logrado su estupendo trabajo.

Es la conciencia de victoria la que logra la victoria en todas las épocas y en todos los campos.

Después de muchos años estudiando la vida y los métodos de las personas de éxito en cada campo de la vida, he encontrado que los que triunfan grandemente son grandes creyentes en sí mismos y en su poder para tener éxito en lo que emprenden. Los grandes artistas, científicos, inventores, exploradores, generales, empresarios, y otros, que han hecho las cosas más importantes en su rama, siempre han tenido la conciencia victoriosa. El éxito fue el objetivo que constantemente visualizaron, y nunca vacilaron en su convicción de que lo alcanzarían.

Las personas fracasan, no por falta de capacidad, sino porque no tienen la conciencia victoriosa, la conciencia de éxito. No viven esperando ganar, ni creen que van a tener éxito en alcanzar sus ambiciones. Viven más bien esperando un posible fracaso, con miedo a la pobreza y el llegar a "necesitar", y por eso consiguen lo que tienen en mente, en lo que habitualmente piensan. La conciencia mezquina, avara, limitada, pobre, llena de miedo; la conciencia que espera resultados miserables, que espera pobreza y que no cree que conseguirá nada mejor, es responsable de más pobreza que cualquier otra cosa. Nuestra conciencia es parte de nuestra fuerza creativa, es decir, pone la mente en condiciones de atraer lo que es afín, lo que es igual a sí mismo. **Una conciencia de penuria no puede manifestar una fortuna, una conciencia de fracaso no puede manifestar el éxito.**

Sería contrario a la ley. Si usted está inmerso en la pobreza y el fracaso, no puede culpar a nadie sino a sí mismo, porque está trabajando en contra de la ley. Tiene en sus manos la conciencia de la pobreza, vive en la idea del fracaso.

Tal vez se pregunte ¿por qué no puedo crear algo que coincida con mi ambición, mis anhelos? Porque todo el tiempo llena su mente de desaliento, de imágenes negras, sombrías y desesperadas; porque toda su vida está saturada de la conciencia de fracaso.

Y ¿Siente a veces como si algo, alguna fuerza invisible, destino cruel o mala suerte lo tuviese agarrado y no lo dejase avanzar?

Sí, es cierto, algo lo está frenando. Pero no es la suerte ni el destino, sino su actitud mental de desánimo, la conciencia de derrota que ha sostenido por años. Mientras ha tratado de construir en el plano material, ha neutralizado sus esfuerzos al derribar constantemente todo en el plano mental. Ha estado obedeciendo la ley negativa que destruye y mata, elimina y neutraliza; en lugar de la ley positiva que produce, que crea, construye, embellece, y desarrolla las cualidades divinas del hombre y glorifica su vida.

Toda la vida y sus logros, toda posibilidad, depende de nuestra conciencia, y podemos desarrollar cualquier tipo de conciencia que deseemos. El gran músico ha desarrollado una conciencia musical que la mayoría de nosotros ignoramos, porque no somos conscientes de este tipo de actividad. Nuestra conciencia musical no se ha desarrollado. El matemático, el astrónomo, el escritor, el médico, el artista, el especialista en algún campo, ha desarrollado una conciencia particular, y manifiesta los frutos de esa conciencia. Él manifiesta y goza de un poder especial en la proporción en que ha desarrollado la conciencia de su especialidad.

Y usted ¿qué quiere? ¿Qué tipo de conciencia quiere desarrollar? ¿Qué es lo que quiere conseguir, hacer, llegar a ser?

1. El primer paso para desarrollar una nueva conciencia consiste en obtener total control de su propósito, su deseo, su objetivo. Consiste en fijar firmemente en su mente una imagen de lo que quiere, para que sea dominante en sus pensamientos, en sus actos, en su vida. Tiene que ser muy positivo en este punto, así es como el abogado exitoso desarrolla al inicio una conciencia de la ley, el

médico de éxito una conciencia médica, el hombre de negocios exitoso, una conciencia empresarial. Es muy importante para empezar bien: cualquiera sea la conciencia que desarrolle, su mente atraerá lo afín a ella, elaborará el material para su construcción.

2. El siguiente paso es establecer la convicción de que usted puede lograr lo que desea. Este es un gran paso en el camino del logro, pues dijimos que la convicción es más fuerte que la fuerza de voluntad. Es decir, puede tratar con todas sus fuerzas de hacer algo, pero si está convencido de que no puede hacerlo, la convicción de la imposibilidad prevalecerá sobre su voluntad. Su convicción es la palanca más fuerte para lograr cualquier cosa. Esto es lo que ha permitido a muchos niños y niñas pobres elevarse a las alturas del poder, a pesar de todo tipo de obstáculos, y a menudo en contra de la opinión y el consejo de quienes los conocían mejor. Eran tan completamente conscientes de su capacidad para hacer lo que querían hacer, y estaban tan convencidos de que podían hacerlo, que nada podía detenerlos.

El comienzo de cada logro debe estar en su conciencia. Ese es el punto de partida de su plan creativo. En proporción a la intensidad, la persistencia, la viveza, lo definitivo de su conciencia de lo que quiere, empiezas a crear lo que anhelas.

Por ejemplo, la conciencia del poder revela el poder, la conciencia de la supremacía es equivalente a la propia supremacía, la conciencia de la confianza en sí mismo es lo que nos da la seguridad de que estaremos a la altura de lo que emprendemos.

De lo que usted es consciente, ya lo posee. Pero no puede llegar a poseer algo de lo cual no es consciente. Es decir, no puede ser suyo hasta que sea consciente de ello. Si no es consciente de la capacidad de tener éxito, no puede tener éxito. Si no es consciente de su propia superioridad, no puede convertirte en superior. Pero si mantiene en su conciencia la imagen de gran maestría, si mantiene en su mente la idea de superioridad, pondrá en marcha la ley de la maestría, la ley de superioridad, y comienza a manifestar estas cosas en su vida. *Tenemos un poder ilimitado, recursos infinitos, en nuestro "gran interior", pero hasta que nos despertamos a una conciencia de este poder oculto, esos recursos invisibles no podemos utilizarlos.*

Hace un tiempo un amigo vio a una mujer pequeña y delicada saltar una puerta de seis barras, asustada por el repentino acercamiento de una vaca que confundió con un toro. Ella le dijo que en condiciones normales nunca podría haber hecho esto, como no podría levantar una esquina de su casa desde los cimientos. Pero como pensaba que su vida estaba en peligro, en este caso extremo y por un momento estuvo consciente de su gran poder interno. Al ver a la vaca corriendo hacia ella, e imaginando que se trataba de un toro furioso, no tuvo tiempo de permitir que sus dudas y temores acerca de si podía saltar por encima de la puerta, la controlaran. Era la única manera posible de escapar, y con la conciencia despierta del poder latente en su interior, saltó la puerta sin dificultad. Pero cuando el peligro imaginario pasó perdió la conciencia de su fuerza oculta y volvió a caer en su estado normal de debilidad.

Hay numerosos casos registrados de enfermos y lisiados, personas que se encontraban paralizados desde hace años, que sentían que no podían hacer nada, que se levantaron de sus cama, cuando un incendio o algún terrible accidente puso en peligro su vida o la vida de sus seres queridos, y allí mismo pudieran realizar hazañas maravillosas, sacar pesados muebles de una casa en llamas, rescatar niños, y hacer cosas que hubiesen parecido milagrosas incluso para hombres fuertes. Una y otra vez emergencias inusuales nos dan una conciencia fugaz de nuestra vasta reserva de poderes y realizamos prodigios que nos asombran, pero como no seguimos usándolos, la conciencia de que nos es posible hacer cosas fuera de lo ordinario se nos escapa, y nuestros recursos inconmensurables permanecen sin ser accedidos.

Emerson dice: "Cada alma no sólo es la entrada, sino que puede llegar a ser una salida para la manifestación de todo lo que está en Dios." La conciencia de esta gran verdad es el secreto de todo poder. Se trata de la plena realización de nuestra conexión con la Omnipotencia, con la Omnisciencia, con la Fuente de todo, que nos permite utilizar los vastos poderes que tenemos dentro, siempre a disposición, a la espera de lograr nuestros fines.

El Creador no limita nuestro suministro. No hay limitación de nada de lo que necesitamos excepto en nuestra propia conciencia.

Esa es la puerta, que, de acuerdo con su calidad, nos deja afuera o nos permite ingresar al gran almacén de la fuente infinita.

La conciencia avara y mezquina nunca entra en contacto con este suministro o provisión. Es quien tiene fe en su propio poder para cumplir cualquier exigencia que la vida le haga, el que gasta su último dólar sin miedo, porque conoce la ley del suministro y está en contacto con el flujo de la abundancia, el que sale adelante en el mundo. Pero el que esconde su último dólar con temor, temblando, con miedo a dejarlo ir a pesar de que tiene hambre, el que lleva en su mente una imagen vívida del lobo gruñendo en su puerta, nunca vence la pobreza, ya que nunca tiene la conciencia de prosperidad.

Un maravilloso sentimiento y coraje viene a quien hace caso a la tendencia en su naturaleza que le ordena confiar y mirar hacia arriba, no importa cuán oscuro el panorama. La fe en el Poder que todo lo organiza, le dice que hay un lado positivo en la nube negra que tapa temporalmente la luz, y el sigue tranquilamente, sintiéndose seguro de que sus planes tendrán éxito, que se cumplirán sus deseos. Su conciencia le asegura que, no importa lo que pase, "Dios está en su cielo, todo está bien con el mundo."

Si mantiene en su mente aunque sea solo esto: **que siempre estamos creando, siempre manifestando en nuestras vidas las condiciones que tenemos en nuestra conciencia,** no cometerá el error que cometen millones cada día, manifestando las cosas que no quieren en lugar de las cosas que quieren.

Cuando entendemos que nuestro gozo, felicidad, satisfacción, logro, poder, personalidad, **¡todo!** depende de la naturaleza de nuestra conciencia, y del objetivo y la dirección a la que esta se dirija, no construiremos deliberadamente una conciencia contraria a lo que estamos luchando por alcanzar. Más bien, tendremos siempre presente en la mente la conciencia de nuestra ambición - sea lo que sea-; vamos a construir la conciencia de los anhelos del corazón y los deseos del alma; tendremos la conciencia de la verdad, la conciencia de Dios, la conciencia de la armonía, y la conciencia de la opulencia, y luego vamos a comenzar realmente a vivir.

Entonces la vida significará algo más para todos nosotros de lo que ahora significa para la mayoría: una mera lucha por sobrevivir.

5.
Donde la Prosperidad comienza.

Lo que visualizamos intensa y persistentemente, y lo respaldamos con esfuerzo inteligente tendemos a crearlo, a darle vida y forma, a construirlo en la vida.

Es en el mundo invisible que el ser humano, animado e inspirado por la conciencia de su asociación con la Divinidad, está empezando a encontrar algunos de los secretos del universo, que están sacándolo de su animalidad y monotonía, cambiando la faz del mundo, empujando la civilización hasta nuevas y más gloriosas alturas.

Riqueza sin límites, suministros inagotables para satisfacer nuestras necesidades, posibilidades inimaginables, todo esto se encuentra en la gran inteligencia cósmica esperando el contacto del pensamiento del hombre para manifestarlos en forma visible.

El mundo invisible a nuestro alrededor está lleno de posibilidades infinitas en espera de nuestra semilla de pensamiento, nuestra semilla de deseo, nuestra semilla de ambición, nuestra semilla de aspiración nuestra semilla de prosperidad y éxito -todo con el respaldo de nuestro esfuerzo en el plano material-, para manifestarse en las formas de aquello en lo que nos concentramos.

Esta tierra de Dios no carece de nada de lo que necesitamos, así como nunca nos faltan los rayos del sol. ¿Quién pensaría en quejarse de que el sol se niega a darle su brillo, o que sus rayos no lo iluminan o no le ayudan en sus cosechas, o no lo calientan ni animan su vida?

El sol nunca deja de brillar; pero nosotros sí podemos alejarnos de su brillo. Si elegimos vivir en las sombras, si nos escondemos en el sótano oscuro donde el sol no puede entrar, es nuestra propia culpa.

Durante su gira de conferencias en los Estados Unidos, el gran científico, Sir Oliver Lodge, hablando sobre "La realidad de lo invisible", dijo: "Nuestros sentidos no son criterio para determinar qué es lo que existe. Se desarrollaron por razones terrenales, y no para propósitos filosóficos, y si nos negamos a ir más allá de la evidencia directa de nuestros sentidos, vamos a reducir nuestra visión del universo en una forma desesperada y casi imbécil."

¡Es tan difícil convencer a la gente de la realidad de que no todo lo que existe se puede percibir a través de los sentidos!

Sin embargo, las cosas más reales de este mundo, de las que aún no sabemos nada, *son invisibles*, nunca han sido vistas por ojos mortales. ╳

Y aquí radica la gran dificultad para la mayoría en cambiar sus condiciones indeseables o escapar de la pobreza y de las cosas que les impiden avanzar. No pueden ver más allá del presente, no han aprendido a visualizar el futuro ni a ver más allá de las cosas materiales que los rodean, para ver en el mundo invisible lleno de todas las energías creativas, donde la mente comienza el proceso creativo.

No se dan cuenta de que todo lo que existe en el mundo visible y que el ser humano ha producido, inició en una visión mental; que el poder de imaginar en la mente, de visualizar las cosas que queremos para nuestra vida, es un don inestimable que Dios dio al hombre, para que pueda sacar de ese mundo invisible y materializar cualquier cosa que quiera.

Cualquiera que sepa cómo utilizar este poder maravilloso puede empezar ahora a visualizar su futuro, para verse a sí mismo como le gustaría ser, para verse mentalmente haciendo las cosas que le gustaría hacer u ocupando ese puesto con el que sueña; y de esa manera, atrayendo a sí los medios necesarios para, paso a paso, construir en el mundo material ese futuro tal y como lo ve en su visión.

Con ayuda de este poder, podemos salir de un entorno hostil o de pobreza, y lograr condiciones armoniosas, un ambiente armonioso, con todo lo bueno, y -si uno quiere- con todos los lujos de la vida. Sin embargo, también podemos pervertir este poder, y mantenernos en la degradante carencia, en pobreza, limitados, detenidos en nuestro auto-desarrollo, sin poder explotar nuestras posibilidades, y disfrutar de todas las alegrías de la vida.

Lo que visualizamos intensa y persistente es lo que creamos, le damos forma, construimos en la vida, y traemos al mundo real.

En otras palabras:

La sustancia vital de la cual el ser humano extrae sus circunstancias y su destino, está en el mundo invisible donde habitan toda la fuerza y el poder.

Desde los cimientos del universo hasta las cosas que están llevando el mundo hacia adelante, todo reside en esas fuerzas invisibles, en los principios eternos.

Esas fuerzas que nos transportan alrededor del mundo y ponen hasta el último de sus confines en comunión inmediata; que están tras el poder de los principios de la química, de la gravedad, de la cohesión, de la adhesión, -todas esas fuerzas poderosas que operan en el universo y producen sus fenómenos-, son fuerzas que no podemos ver, oír, ni tocar, ni apreciar con nuestros sentidos hasta que sentimos sus efectos. Son cosas de las que sabemos muy poco, y sin embargo, sabemos que son grandes realidades.

¿Quién sabe o quien ha visto lo que está detrás de estos grandes principios o fuerzas que sabemos que existen?

La gravedad, que sostiene los cuerpos celestes en sus órbitas, y mantiene al mundo maravillosamente equilibrado en el espacio girando a increíble velocidad alrededor del sol sin que varíen las revoluciones de sus órbitas ni una fracción de segundo cada mil años... Esa es una fuerza invisible.

Simplemente porque no podemos verla ni probarla, olerla ni manipularla, ¿vamos a decir que no es real? ¿Que no existe?

Podemos ver y sentir los efectos de la electricidad, pero ¿quién sabe lo que realmente es esta fuerza invisible? Los Edison, los Graham-Bell, los Marconi, con sus experimentos han descubierto ciertos principios, ciertas leyes que la regulan, y a través de las cuales obtenemos el calor, la energía y la luz. Ellos la han puesto a trabajar para nosotros en multitud de maneras. Lleva nuestros mensajes bajo los océanos y continentes. Ya ha acabado con gran parte del trabajo pesado del mundo, y está destinada a servir a la humanidad de una manera que tal vez aún ni soñamos, ni siquiera los científicos e inventores más sabios.

De esta poderosa fuerza que ha utilizado en sus miles de inventos, Edison confiesa no saber nada. Más bien, se llena de respeto ante este poder misterioso que ha salido de la inteligencia cósmica, en respuesta a sus esfuerzos. Él se ve a sí mismo simplemente como un canal a través del cual algunos de sus secretos han ido pasando al hombre, para hacerle la vida menos penosa, más cómoda y más hermosa.

No tiene sentido que los escépticos y materialistas digan que no creen en nada que "no puedan comprobar con sus sentidos", cuando se sabe que la verdadera fuerza tras las mismas cosas en que vivimos, los elementos que alimentan y mantienen viva aún nuestra parte material, son todos invisibles.

No podemos ver los gases en el aire que respiramos, que son los que dan y sostienen la vida; no podemos ver el aire, y sin embargo, lo respiramos dieciocho o veinte veces por minuto y absorbemos ese poder silencioso e invisible que vive en él.

La sangre lo absorbe y lo envía a los miles de millones de células de nuestro cuerpo. No podemos ver ni manipular su energía misteriosa, y sin embargo, sabemos que no podríamos vivir un minuto sin ella.

Nadie ha visto jamás la "fuerza" en los alimentos que comemos, pero sabemos que está ahí, que obtenemos nuestra energía de ellos, y que después de un tiempo, la materia aparentemente muerta e inerte, vuelve a la vida nuestro cuerpo, y actúa, sueña, experimenta, trabaja, crea...

A pesar de todos sus maravillosos descubrimientos, la ciencia no ha sido capaz de descubrir los secretos de las fuerzas invisibles que trabajan por todas partes en el universo.

¿Quién puede ver o explicar el misterio de la yema que se desarrolla, de la flor que se expande, o la fragancia extraordinaria y belleza maravillosa de la rosa? Sin embargo, sabemos que hay una realidad detrás de todo, una inteligencia que planifica, les da forma, y los lleva a su gloriosa madurez. Sabemos que todo esto viene de la misma fuente Omnipotente, que son creaciones de la mente divina.

Los científicos están demostrando que no hay más que una sustancia, una fuerza eterna, una esencia en el universo, y que todo lo que vemos es una expresión variable de la misma. Para los sentidos, esta sustancia universal -la gran realidad detrás de todo lo que vemos-, no existe. No la podemos ver, ni tocar, ni saborear, ni oler. Y sin embargo, la ciencia acumula todo el tiempo prueba tras prueba de que todo a nuestro alrededor no es más que una modificación, un cambio de forma, un cambio de vibración de esta sustancia universal, al igual que la electricidad es una manifestación de fuerza en diversas formas.

Creemos vivir en un mundo material... Sin embargo, en realidad, vivimos en un mundo mental, en un mundo de pensamiento exteriorizado, un mundo controlado y guiado por fuerzas invisibles. Contactamos las cosas materiales sólo en algunos momentos de nuestras vidas. Nuestra parte corporal se alimenta, se calienta y se viste con cosas materiales, pero vivimos, nos movemos y existimos en lo invisible.

Cuando nos acercamos a la realidad de nosotros mismos, el alma, el espíritu del hombre, que es uno con Dios, vivimos en un mundo totalmente invisible. El verdadero ser es el ser invisible.

El hombre cuyo reflejo se ve en el espejo no es más que la sombra de la realidad. El cuerpo material de carne y hueso que vemos y podemos tocar con nuestras manos, no es el hombre real. Lo real está detrás de lo que vemos y tocamos. Está detrás de las células, de los átomos, de los electrones que componen el cuerpo.

La nueva filosofía está yendo detrás de lo aparente para mostrarnos el verdadero ser humano, el ser humano invisible. Está revelando sus poderes y posibilidades ocultas y señalando el camino hacia su desarrollo y uso. Nos muestra que ese ser enfermo, impotente, débil, desalentado, quejumbroso, desconsolado; fracasado, ese ser lleno de discordia, de enfermedad, de falta de armonía... Ese no es el ser humano que Dios hizo, sino la criatura irreal que nosotros mismos hemos creado.

Este es el ser que el pensamiento equivocado, el mal vivir, y las decisiones desafortunadas han creado; el ser que es la víctima de sus pasiones, de sus estados de ánimo, de su ignorancia de la realidad y de las grandes verdades eternas de la vida.

Todos aprendimos de niños que el hombre está hecho a imagen y semejanza de Dios; pero la nueva filosofía nos impulsa a actuar esta verdad; a ver más allá de la apariencia de la realidad, a ver con el ojo interior ese ser humano real, ese ser invisible, que es uno con su Creador.

Un ser fuerte, vigoroso, robusto, con poderes y cualidades divinas, que coincide con el ideal de "humanidad" de Dios. Nada en él sugiere fracaso, debilidad, inestabilidad o enfermedad. Él es perfecto, inmortal, inmutable como la verdad misma, porque el ser real es la verdad de ser, es la realidad inmutable.

No importa cuáles sean sus condiciones o circunstancias, la materia de Dios, el principio de Dios, la divinidad en él, sigue intacta, sigue perfecta, aún contiene todas sus posibilidades, todavía está estampada con la nobleza, con el éxito, la salud, la prosperidad, la armonía, la imagen de su Creador – pues la imagen y semejanza de Dios es perfecta e inmortal.

Si pudiéramos tan sólo entender esto, y medir la vida con sus posibilidades infinitas desde la perspectiva de la realidad inmutable del ser humano, en lugar desde la cambiante irrealidad de nuestro cuerpo, si pudiéramos mantener la idea de que somos parte de la inteligencia creativa del universo, copartícipes con Dios en nuestro trabajo aquí en la tierra, ¡cuánto más podríamos lograr, cuánto más alto podríamos subir, cuánto más felices seríamos!

Cuando el ser humano se dé cuenta de la tremenda importancia de la realidad de lo invisible, y cuando entienda **la verdad** de su unidad con su Creador, la unidad de vida, la unicidad de la fuente de todas las cosas en el universo, y de que todo es una manifestación de la Mente Divina, va a entrar en posesión del poder ilimitado que el Creador ha implantado en cada uno de nosotros.

Cuando Cristo hizo hincapié en el hecho de que el reino de los cielos está dentro de nosotros, quería decir que este reino dentro de nosotros es idéntico con la Mente Divina, y que es allí que el hombre aprovecha la fuente de todo poder, de toda provisión.

El reino interior es el reino del poder, donde inicia el trabajo creativo de todo hombre. Es allí donde se conecta con la sustancia universal, la gran energía creativa; y el pensamiento es la herramienta invisible con la que esculpe sus creaciones.

Actuando sobre la sustancia oculta y misteriosa de la que sale todo en el universo, las herramientas del pensamiento dirigen, controlan y crean según sus deseos. Encuentra su material en el mundo invisible, y en la medida en que la mente capta la realidad de lo invisible, el poder y las posibilidades están ahí.

Ya hemos dicho que es en este mundo invisible que el hombre, animado e inspirado por la conciencia de su asociación con la Divinidad, está empezando a encontrar algunos de los secretos del universo-saliendo de su animalidad y monotonía, cambiando la faz del mundo, empujando a la civilización hasta nuevas y más gloriosas alturas.

Su prosperidad, salud, felicidad, éxito, el fruto de sus ambiciones, todos están en la gran energía creativa sin forma, listos para asumir formas cuando nuestro pensamiento haga su parte en comenzar los procesos creativos.

La riqueza sin límites, el suministro inagotable para satisfacer nuestras necesidades, los inventos, las grandes obras de arte y literatura, la música y el teatro; y las maravillas en todos los campos del quehacer humano, se encuentran en la gran inteligencia cósmica esperando las instrucciones de nuestro pensamiento para asumir forma visible en nuestra tierra.

Todos los poderes de la gran inteligencia cósmica están trabajando constantemente en los pensamientos y deseos de los seres humanos. No hay favoritismo en las realidades invisibles.

Los pensamientos de la persona más humilde en la tierra son tratados exactamente de la misma manera que aquellos de las personas más ricas.

Así como el sol y la lluvia, el viento y el rocío dan sus fuerzas al campesino pobre y al rico; igual el ladrón, el criminal, el asesino, y el fracasado tienen el mismo material para trabajar que el hombre justo, que el noblemente exitoso, que los grandes arquitectos y artistas, que los grandes ingenieros, inventores, comerciantes, que los grandes hombres y mujeres en todos los campos que están elevando la humanidad y haciendo del mundo un lugar mejor para vivir

En otras palabras, la fuerza creativa del pensamiento pone un poder invencible en las manos del hombre. Lo hace el creador y modelador de su vida, de su destino, de su fortuna.

No podemos pensar sin crear; cada pensamiento planta una semilla en la sustancia universal, y producirá algo que será de su misma naturaleza.

Usted y yo podemos sembrar en lo invisible pensamientos constructivos, pensamientos hermosos, pensamientos de amor, de buena voluntad, de salud, de prosperidad, de felicidad, de éxito en el trabajo que escojamos.... Sin embargo, también podemos sembrar pensamientos destructivos, pensamientos desagradables, pensamientos de odio y mala voluntad, de enfermedad, de discordia, de fracaso, de pobreza, de todo tipo de miseria...

Y una cosa es cierta: lo que sembremos, eso es lo que vamos a cosechar. Esa es la ley, y no hay escapatoria.

La mayor parte de la pobreza, la enfermedad, el fracaso y la infelicidad en el mundo provienen de la ignorancia de esta ley. Esto no se ajusta al plan de Dios para sus hijos. El padre nunca tuvo la intención de que estuviéramos sujetos a la enfermedad, o de que nos tuviéramos que despedazar con trabajo pesado, infelicidad, fracaso, pobreza; o de que viviéramos en constante ansiedad, temiendo toda clase de problemas y miseria.

El fantasma de la enfermedad y el "lobo tocándonos la puerta" son nuestras propias creaciones. Existen sólo en nuestras mentes; pero en el tanto los visualizamos, pensemos en ellos, y les temamos, llegarán a ser reales para nosotros y se manifestarán en nuestras vidas.

La salud, la abundancia, el éxito, la felicidad, la gloria, y una vida llena de alegría - estas son las cosas que el Creador quiere para todos sus hijos.

Pero la mayoría de nosotros alejamos estas cosas por nuestro pensamiento pesimista y falso, y luego vociferamos y nos quejamos del "destino" y la "mala suerte", cuando lo contrario es lo cierto, cuando nuestro mundo invisible está lleno de posibilidades infinitas, a la espera nuestras semilla: de pensamiento, de deseo, de ambición, de aspiración, de prosperidad y de éxito... Semillas, que con el respaldo de nuestro esfuerzo en el plano material, crecerán y se manifestarán en las cosas en las cuales concentramos nuestros pensamientos.

Si usted es pobre, enfermo y sin éxito, está trabajando en contra de la ley, y hasta que entienda la verdad sobre las fuerzas ocultas a su disposición, y trabaje de acuerdo con la ley, seguirá siendo pobre, enfermo, y sin éxito. ¿Por qué no comenzar ahora a hacer que las fuerzas invisibles sean sus amigas? En lugar de hacerlas sus enemigas, ¿por qué no darle la vuelta a su mente y trabajar "con la ley", no en contra, simplemente teniendo los pensamientos correctos? ¿Por qué no dar la espalda a la enfermedad, la pobreza y el fracaso? Esto lo puede lograr con sólo pensar constantemente en salud y en abundancia, diciéndose a sí mismo:

"Yo soy el hijo del creador de la salud, la alegría y la abundancia; ¡YO SOY HIJO DEL TODO-PROVISION, TODO-SUMINISTRO!

La Salud y el éxito fluyen a mí constantemente desde el TODO-PROVISION, que es la Fuente de mi ser.

Nada ni nadie, excepto YO MISMO, me puede desconectar de esta fuente, solo mis pensamientos erróneos pueden desconectarme.

La salud, el éxito y la felicidad son mi derecho de nacimiento.

Reclamo mi herencia de mi padre en este momento.

Yo soy la salud.

Yo soy el éxito

Yo soy la felicidad.

Estoy libre ahora y para siempre de todo lo que pueda dificultar mi desarrollo.

Estoy libre de todo lo que impida la realización de las ambiciones que el Padre mismo ha implantado en mí.

Esta es la obra que se asignó.

Esta es la tarea que se me dio para hacer aquí en la tierra.

Lograr todo lo que ambiciono es simplemente, ejecutar los detalles de SU plan para mí.

Estoy trabajando en conjunto con ÉL y no puedo fallar.

Yo soy uno con Él, y por eso de nuevo hago mi afirmación:

Yo soy la salud.

Yo soy el éxito

Yo soy la felicidad.

Yo soy abundancia.

Mi futuro está asegurado.

Yo voy a seguir derecho, sin temer nada, porque no hay nada que temer si Yo sé que Dios es todo, y que YO SOY UNO CON Él ".

No importa cuáles sean tus circunstancias o tu ambiente actuales. Si te aferras a esta actitud mental, a una creencia firme en la realidad de lo invisible, donde está el suministro, y trabajas en armonía con la ley, podrás --a través del poder creativo del pensamiento, que actúa sobre la sustancia universal invisible--, crear y obtener de los reinos invisibles el suministro de todo lo que quieras:

El conocimiento; la sabiduría; el poder; la salud; la riqueza; la felicidad; el éxito... En fin, la realización de todas tus esperanzas y visiones.

6.
Si usted puede financiarse a sí mismo

Tenga cuidado con las pequeñas extravagancias. Una pequeña fuga hunde hasta un gran barco.-Benjamin Franklin

Las deudas son como cualquier otra trampa; es bastante fácil caer en ellas, pero es muy difícil salir. -SHAW

"El hombre que no es previsor es una carga para su empleador, la comunidad en la que vive, su familia, y sí mismo."

Un poco de dinero en el banco es un gran amigo, tanto en tiempos de necesidad como en tiempo de oportunidades.

Muchas personas fracasan por completo en la vida o se ven obligados a vivir en condiciones de pobreza humillante o a luchar junto a la maldición de las deudas; miserables y minusválidos todas sus vidas porque nunca aprendieron a financiarse.

Nada es más importante para una persona que poder --no sólo ganarse la vida--, sino saber cómo utilizar el dinero de la mejor manera. De esto depende su poder para hacerse independiente y por lo tanto hacer su mejor trabajo posible en este mundo.

El sentido común acerca del dinero, si no se hereda, debe ser cultivado. A todo niño se le debe enseñar cómo financiarse a sí mismo; cómo manejar el dinero; cómo ahorrar; cómo gastar sabiamente para su progreso personal y para el enriquecimiento general de la vida. Cada niño debe ser entrenado en los hábitos del ahorro; debe aprender el verdadero valor del dinero y debe ser capaz de sentir el costo de cada dólar. Si no enseñamos a los hijos a saber lo que significa el dinero, ¿cómo podemos esperar que muestren sabiduría en el manejo de dinero en su madurez?

La persona promedio no usa ni una parte del buen juicio o sentido común al gastar o invertir su dinero, del que usa para ganarlo. Un millonario me dice que no más de tres de cada cien personas que han hecho dinero son capaces de retenerlo.

Multitudes de hombres mueren sin independencia, sin casa, sin ni siquiera haber sido capaces de mantenerse a sí mismos.

Constantemente me encuentro con hombres en la mitad de su vida, que han trabajado duro durante muchos años tratando de salir adelante, pero no tienen nada que mostrar, nada firme, no tienen dinero en efectivo para aprovechar oportunidades; ni tampoco inversiones buenas o sólidas. Nunca han progresado desde que eran jóvenes, porque nunca aprendieron a financiarse. Son como la rana en el pozo, que sigue saltando y saltando solo para caer de nuevo a la parte de abajo donde comenzó.

Nada significa tanto para usted en la vida, amigo mío, como aprender el arte de manejar el dinero y saber cómo financiarse a sí mismo sabiamente. Si no puede hacerlo, siempre será blanco fácil para cualquier estafador de voz suave y melosa con que se encuentre. Todos sabrán de su credulidad y sabrán que si usted tiene algo de dinero no será muy difícil arrebatárselo.

El dinero es el material más resbaladizo en el mundo. La mayoría no puede sostenerlo más de lo que puede sostener una anguila o un cerdo engrasado. Se desliza a través de sus dedos y se desaparece a través de todo tipo de fugas en la billetera.

Muchos pueden hacer dinero, sólo pocos pueden sostenerlo. Siempre hay alguien que necesita dinero; siempre hay la tentación de gastarlo. La mayoría toman demasiados riesgos con el dinero que tienen, son demasiado codiciosos, demasiado ansiosos por mantenerlo "trabajando". No les gusta tener un dólar en la mano que no esté "ganando algo", y por eso suelen hacer las inversiones más tontas.

Un conocido, un hombre de negocios muy capaz en muchos aspectos, ha pasado en "aguas calientes" la mayor parte de su vida a causa de esto. Nunca tiene efectivo para oportunidades o para emergencias inusuales. Es un buen amigo, un hombre popular y muy capaz, pero no puede soportar la idea de tener el dinero ocioso: debe estar haciendo algo. Entonces, pone su dinero en cualquier cosa que le ofrezca un rendimiento, y luego, cuando surge alguna buena oportunidad, una que si es real, no puede aprovecharla porque su dinero está invertido en alguna "oportunidad salvaje".

"No tome riesgos con sus ahorros", es el consejo de los expertos en asuntos financieros. Hacer inversiones imprudentes, con la "esperanza" de hacer grandes ganancias, es lo que ha mantenido a tantos en la pobreza toda su vida.

No hay nada como decidir temprano en la vida que uno solo invertirá en cosas sólidas, lógicas y con sustancia.

El hombre rico puede permitirse el lujo de correr riesgos, porque si pierde, no lo siente; pero usted no se lo puede permitir.

Hay que ir despacio. El instinto del apostador, el deseo de hacer una fortuna rápida, de ganar gran cantidad de dinero con una pequeña inversión, es la mayor causa de infelicidad y pobreza en más hogares, más que cualquier otra cosa yo sepa. Ha frustrado más vidas, destruido más ambiciones, y causado que más gente muera decepcionada de sus vidas, que cualquier otra cosa.

Uno de los primeros pasos en la financiación correcta de sí mismo es mantener una cuenta de personal de efectivo. Este es uno de los mejores educadores y profesores de la economía y del sistema. Si el hábito se forma cuando se es joven, nunca se romperá. Esto significará una gran cualidad para más tarde en la vida.

El mundo exige que cada individuo sepa cómo cuidar de sí mismo, que sea independiente, autosuficiente, que sepa cómo financiarse sabiamente, cómo hacer lo máximo con sus ingresos.

No importa cómo uno se gane la vida -sea por el trabajo de sus mano o de su cerebro, en un oficio o una profesión, en la casa o en una tienda; tampoco importa si sus ingresos son pequeños o grandes, a menos que uno sepa cómo manejar sus finanzas con éxito, siempre estará en desventaja,

Esto no significa ser tacaño, miserable o avaro; lo que significa es saber cómo sacar el máximo provecho a sus ingresos; no gastar el porcentaje que todos deberíamos ahorrar en comprar extravagancias absurdas o hacer inversiones insensatas.

Hay una cosa que debe ser imborrable, en la mente de todos los jóvenes, y que son las trágicas consecuencias de las deudas, sobre todo cuando se incurre en ellas temprano en la vida. Así se han arruinado muchas de las carreras más prometedoras.

Los jóvenes deben ser entrenados para que bajo ninguna circunstancia puedan ser tentados a complicar sus vidas con obligaciones financieras. Se les debe mostrar que su éxito en la vida, la realización de sus objetivos, dependerán en gran medida de mantener sus habilidades libres de cualquier tipo de enredos; y enseñarles que deben mantener esta libertad a toda costa.

Se les debe enseñar que su entusiasmo sin sombras y su celo son activos muy valiosos, y que nada mata de manera más eficaz estos activos, que la conciencia de estar atrapado, la conciencia de estar atado de pies y manos por la maldición de las deudas.

A los jóvenes se les debe enseñar que hipotecar sus perspectivas futuras es fatal.

He conocido a un buen número de jóvenes muy prometedores que se endeudan por comprar automóviles. Muchos incluso hipotecan sus casas con el fin de obtener un automóvil, tratando de justificarse a sí mismos por lo que esto supuestamente significaría para "su salud y el placer de su esposa e hijos".

Por supuesto que significará mucho para ellos; sin embargo, por otro lado, para un joven que está empezando, comprar algo que en realidad está por encima de sus posibilidades, le puede desequilibrar su vida por muchos años.

Nadie puede ser feliz, no importa que tan optimista sea, si siempre está en las garras de la pobreza, acosado por las deuda. Conozco a un hombre que ha vivido, literalmente en vergüenza por muchos años, debido a deudas que contrajo cuando tenía buen crédito. Cuando perdió su negocio tuvo que luchar con estas deudas, hasta que el interés se duplicó y triplicó, y en ocasiones se cuadruplicó. Nada podría haberle convencido de meter la cabeza en ese hueco, si hubiera habido manera de que supiera las consecuencias de lo que estaba haciendo.

"Estar quebrado es malo", dice el Dr. Frank Crane. "Aún peor, es un crimen. Y es todavía peor, es una tontería. Los delitos pueden ser perdonados y los pecados olvidados, pero para el tonto que se dejó engañar y enredar, no hay esperanza..."

Ahora, el joven que no deja nada para *"el día de lluvia"* o *"el día de invierno"* o para una emergencia es uno de estos tontos. ¡Y hay tantos de ellos! Como dijo Marshall Field, "la tendencia de hoy, de vivir más allá de sus ingresos, trae el desastre para miles de personas."

Muchos viven más allá de sus posibilidades porque no pueden soportar que otras personas piensen que no pueden permitirse esto o aquello; que no pueden mantener las apariencias o su "posición social". Pero es mejor ser impopular que vivir en vergüenza; mejor ser impopular que estar metido en un agujero profundo, como alguien dijo una vez.

¿YO SOY?

Soy tu mejor amigo en momentos de necesidad.

Puedo hacer por ti lo que, aún quienes más te aman, son incapaces de hacer sin mi ayuda.

Yo soy el aceite que suaviza las aguas turbulentas de la vida.

Yo arreglo dificultades y elimino los obstáculos que nada más podría vencer.

Soy defensor de la fe, un estímulo a la ambición, un tónico para la aspiración, una valiosa ayuda para las personas que están luchando por hacer sus sueños realidad.

Doy al hombre un fino sentido de independencia, un sentimiento de seguridad en relación con el futuro, lo que aumenta su fuerza y habilidad y le permite trabajar con más vigor y espontaneidad.

Soy la base para cosas mejores, constructor de esperanza, enemigo del desaliento, porque me llevo conmigo una de las mayores causas de preocupación, la ansiedad y el miedo.

Puedo aumentar la autoestima y la autoconfianza, y dar una sensación de confort y seguridad que nada más puede dar.

Imparto una conciencia de poder que hace a multitudes levantar la cabeza con dignidad -multitudes que de otra manera se arrastrarían,

Abro la puerta a muchas oportunidades para auto-cultivarse y para promoverse socialmente y en los negocios. He permitido que decenas de miles de jóvenes, que hicieron sacrificios para tenerme, pudieran aprovechar las magníficas oportunidades que los que no me tienen tuvieron que dejar pasar.

Puedo aumentar tu importancia en el mundo y tu poder para hacer el bien. Yo hago que la gente piense bien de tu capacidad, aumenten su confianza en ti, y te den capital, una posición segura, influencia, crédito, y muchas de las cosas buenas de la vida, que sin mí serían inalcanzable.

Soy un amortiguador para las sacudidas de la vida, una barrera entre ti y los duros golpes del mundo. El hombre o la mujer que no haga un esfuerzo decidido y honesto para obtenerme, carece de una de las cualidades fundamentales que contribuyen a la felicidad, la prosperidad y el bienestar de toda la humanidad.

Millones de madres y niños han sufrido todo tipo de penurias y humillaciones porque los esposos y padres carecían de esta cualidad práctica, lo que les habría evitado a ellos y a sus dependientes tanto sufrimiento y miseria.

Multitudes han pasado sus años de declive en la miseria y sin hogar, o con una existencia miserable en dependencia humillante de la caridad a regañadientes de sus familiares, mientras que otras multitudes han muerto en un asilo de pobres, porque no pudieron hacerse mis amigos en su juventud.

Yo soy una de las ayudas más confiables en la batalla de la vida, la lucha por la independencia, siempre dispuesto a ayudarte en una emergencia- una enfermedad en tu familia, un accidente o una muerte, una crisis en tu negocio-sea lo que sea. Siempre se puede confiar en mí para llenar el vacío y hacer mi trabajo en silencio, con eficacia, sin bravatas.

YO SOY. . . Un poco de ahorros en dinero en efectivo...

7.
Cómo incrementar su capacidad

Nuestra capacidad es tan sensible a nuestros estados de ánimo, sentimientos, y actitudes mentales, como lo es el mercurio a los cambios del clima o una veleta lo es a las corrientes de aire.

La burla perpetua e inquietante de la ambición insatisfecha; la conciencia de que se tiene la capacidad de hacer cosas grandes, pero se está obligado a hacer lo pequeño porque temprano en la vida no se persistió en seguir el camino que lleva a las cosas grandes; sentirse entumecido y limitado en un situación reducida, como si estuviera encerrado una habitación de dos por dos, en la mitad de la vida o más tarde, a pesar de saber que se tiene la capacidad natural para llenar un lugar infinitamente más grande, es un infierno en la tierra.

La esperanza, confianza en sí mismo, la seguridad, la fe en la propia misión, el entusiasmo en nuestro trabajo, optimismo, coraje, alegría, abren el acordeón de capacidades maravillosamente. El miedo, la ira, la envidia, los prejuicios, los celos, la preocupación, la pequeñez, la mezquindad, el egoísmo, lo cierran.

La felicidad en nuestro trabajo, la conciencia de que estamos haciendo nuestro mejor esfuerzo, buscando lo mejor, y dejando una buena impresión en los demás, estos son enormes ampliadoras de capacidad, ya que aumentan el auto-respeto y el auto-reconocimiento. Nos dan seguridad y confianza, y la confianza da un maravilloso impulso a la iniciativa y la capacidad ejecutiva.

Un hombre de negocios PROMINENTE dice que el mejor contrato que recibió fue uno que perdió.

¿Por qué? Debido a que lo puso a investigar la causa de la pérdida, a investigarse a sí mismo, a buscar los puntos débiles en sí mismo y en sus métodos de negocio.

Fue perder ese contrato lo que le llevó a descubrir que no estaba usando más de la mitad de la capacidad que en realidad tenía.

La mayoría de las personas se roban a sí mismos del éxito y la fortuna por ideas equivocadas sobre su capacidad.

Son como una joven taquígrafa que me dijo que "si tuviera la capacidad de convertirse en una experta en su campo, iría a la escuela por las tardes, estudiaría en las noches, y haría todo lo posible para mejorar su educación y el desarrollo de sí misma en todas las formas posibles. Pero como estaba segura de que tenía sólo una proporción muy moderada de capacidad, estaba convencida de que no tenía sentido tratar, y que debía contentarse con una posición ordinaria.

En otras palabras, ella creía que su capacidad era una cantidad fija, algo que no podía ser ampliado o disminuido, que no podía cambiar para nada más de lo que podía cambiar el color de su cabello o de los ojos.

Ahora, la idea de que nuestra capacidad es una cantidad invariable, fijada por herencia, o por alguna ley inmutable que no podemos entender ni controlar, es una de las ideas más desafortunados que pueden apoderarse de la mente de alguien.

Y nada podría estar más lejos de la verdad, ya que, de hecho, la capacidad humana es una cantidad muy variable y muy elástica. Se puede ampliar casi indefinidamente, o se puede contraer en un gran número de maneras. Es como un acordeón, que quien lo toca a veces lo abre en toda su extensión, y de nuevo lo cierra por completo.

Por ejemplo, usted puede cerrar su acordeón con pensamientos incorrectos, mal hasta que sólo una pequeña fracción de su posible capacidad está disponible; o puede abrirlo con pensamientos correctos, y hacer que cada poco cuente en hacer de su trabajo, su vida, un gran éxito.

Multitudes de personas van por la vida con su capacidad realtan asfixiada, amordazada y sofocada por su actitud mental negativa y destructiva, por sus dudas, miedos, preocupaciones, supersticiones e ideas preconcebidas; por su falta de coraje, su falta de fe en sí mismos y en su misión; que hacen que sólo un porcentaje muy pequeño cuente en el trabajo de su vida, incluso cuando hacen un esfuerzo supremo para hacerlo.

Por todas partes vemos a hombres y mujeres que trabajan duro, y que no logran ni una décima parte de lo que podrían lograr, con la mitad del esfuerzo y en la mitad del tiempo que ahora utilizan, si tan sólo mantuvieran su mente en un estado positivo, creativo, y enfrentaran la vida de la manera correcta.

Mientras que el desarrollo y la agudización de las diferentes facultades mentales es lo primero y esencial para aumentar nuestra capacidad natural, es un error pensar que toda la expansión de nuestra capacidad depende de esto.

No importa qué cantidad de capacidad natural tenga, si ésta no está disponible, o está embotellada por su pesimismo, dudas, miedos, cobardía y falta de fe, será inútil para usted.

Si usted tuviera una valiosa mina de oro en su propiedad, y en vez de despejar todos los obstáculos para llegar al mineral, le agregara aún más obstáculos, su mina de oro no añadiría ni una partícula a su riqueza disponible. Potencialmente usted tendría una fortuna inmensa, pero lo que a usted respecta, sería lo mismo que si no estuviera allí: usted no estaría obteniendo ningún beneficio del oro que no extrae, para poderlo intercambiar por las buenas cosas de la vida que usted desea.

Es lo mismo con su capacidad. Si en lugar de hacer todo lo posible para que esté disponible, para darle salida, usted la encierra dentro de sí, cubriéndola con todo tipo de obstáculos mentales, nunca se expandirá, nunca le redituará nada.

Muchos de nosotros pensamos:

"Si sólo tuviéramos el talento o las oportunidades de otra persona";

"Si sólo tuviéramos las ventajas que tienen algunas personas cercanas";

"Si sólo estuviéramos equipados con excelentes instalaciones para poder desarrollar nuestro trabajo particular",

entonces, ¡haríamos cosas maravillosas!

Ahora, el Creador nunca envió a nadie en este mundo sin equiparlo con las herramientas necesarias para el trabajo que Él quiso que viniera a hacer; para el trabajo que Él le calificó en todos los aspectos para que lo pudiera hacer.

El no afiló las herramientas por nosotros, porque si lo hubiera hecho, Él nos habría privado de aquello precisamente diseñado para nuestra expansión y crecimiento.

Es "sacando" todo lo que está en nosotros; mejorando nuestro trabajo cada día; superando los obstáculos; limpiando los restos de basura y desechos mentales que previenen nuestro crecimiento; y siempre tratando de lograr nuestros ideales más elevados, que, día a día, desplegamos una capa tras otra de la riqueza de capacidades en que está envuelto todo ser humano, no importa cuales sean sus aparentes discapacidades o minusvalías.

Helen Keller es, quizás, uno de los ejemplos más notables que el mundo jamás haya visto del poder del alma decidida a superar todo lo que se interpone en el camino de su completo desarrollo.

Sorda, muda y ciega a la edad de dieciocho meses, ¿qué oportunidad había allí para ser un ser humano tan discapacitado hiciera algo de valor en el mundo o se convirtiera en algo más que una decepción para sí misma, una carga impotente y sin esperanza sobre sus parientes?

Sin embargo, de ese mundo de oscuridad, el espíritu indomable que llevaba dentro desarrolló un ser de una capacidad y poder tan notable, que hay pocos hoy en día que están prestando un mayor servicio a la humanidad que esta mujer que, en apariencia, había sido irremediablemente discapacitada al principio de su vida.

Ella es un ejemplo maravilloso de la verdad de que no hay un límite para el desarrollo del ser humano, y no hay obstáculos insuperables para su desarrollo, salvo las que él mismo se ponga en su camino.

El águila es el miembro más poderoso y supremo de toda la tribu con plumas. Puede volar más alto y permanecer más tiempo en sus alas que cualquier otro pájaro. Sin embargo, si este monarca del aire fuera capturado, y atado por una de sus patas a una enorme bola o a un peso pesado, no podría volar ni siquiera tan alto como una gallina.

No importa lo fuerte que fuesen sus instintos naturales para elevarse a los cielos, no podría moverse de la tierra.

Ahora, como el águila, el hombre fue hecho para volar alto, para hacer grandes cosas, pero multitudes de personas pasan la vida haciendo cosas pequeñas en lugar de las grandes cosas que son capaces de hacer, debido a que algo encadena su capacidad y las mantiene atadas a una posición inferior.

Hay una gran cantidad de capacidad productiva en el gran ejército del fracaso, a la cual nunca se le dio la oportunidad de cumplir con los propósitos para los cuales el Creador nos la dio.

Algunos de los casos más lamentables de vidas estropeadas que conozco son las de los hombres y mujeres de mediana edad que realmente tienen la capacidad de hacer algo grande y magnífico, pero que no han podido hacerlo debido a que nunca tuvieron la voluntad para hacer sacrificios en su juventud para lograr sus ambiciones. El amor a la comodidad encadenó sus facultades y las mantuvo presos hasta que su ambición murió, y ellos perdieron hasta su deseo de volar. Algunos están encadenados por sus malos hábitos físicos o mentales, que les imposibilita dar lo mejor de sí en sus trabajos.

Hay una fuga constante de energía y fuerza vital, resultante de causas prevenibles, que dificulta su progreso en cada paso y hace que su capacidad no esté disponible.

A otros los detienen rasgos de carácter o peculiaridades de su disposición, que limitan sus cualidades de éxito y neutralizan sus esfuerzos para avanzar. Un temperamento explosivo, celos, envidias, falta de fe y confianza en sí mismo, duda, timidez, descuido, falta de precisión, y otra serie de defectos y debilidades obstaculizan gravemente el desarrollo de su capacidad, y los hace comportarse como los pesos que los amarran al suelo aun cuando están ansiosos por ir más arriba.

Cualquier cosa que cause falta de armonía en la mente nospriva de poder y dificulta nuestro avance. Si usted desea obtener el control de todos sus recursos y aumentar su capacidad, evite, como evitaría un veneno terrible, todo lo que tiende a hacerlo negativo, - la preocupación, la ansiedad, los celos, la envidia, el miedo, la cobardía, la familia entera de pensamientos deprimentes o de abatimiento.

Estas son todas confesiones de debilidad, y pueden definirse como "destructores de energía". Cada ataque de la depresión, cada pensamiento triste, todo sentimiento de desaliento, de desánimo, cada duda, cada temor, es un destructor de su capacidad.

En otras palabras, nuestra capacidad es extremadamente sensible a los estados de ánimo, a nuestra condición mental en general. Cuando no nos da la gana, cuando estamos de mal humor, cuando, por una razón u otra nos sentimos deprimidos, desalentados, abatidos, llenos de dudas y ansiedad, nuestra capacidad se contrae muchísimo.

Por otro lado, cuando estamos "de buenas", cuando nuestras mentes están en armonía, y no estamos ansiosos o preocupados por algo, nuestra capacidad se amplía enormemente.

Es decir, todas las emociones y los sentimientos positivos, edificantes, alentadoras, y alegres, amplían o aumentar nuestra capacidad, mientras que todo lo deprimente, desalentador, sombrío o negativo, la contraen o disminuyen.

Esto demuestra que después de haber hecho todo lo posible para aumentar nuestra capacidad de educación, de formación especial para nuestro trabajo, afinando y mejorando nuestros dones naturales y facultades en todas las formas posibles, todavía podemos contraerla o expandirla por nuestra actitud mental, y es seguro decir que el noventa por ciento de la posibilidad de que estas capacidades estén disponibles en un momento dado, ¡depende de nuestro estado de ánimo!

Todos sabemos cómo se agranda gracias a una auto-confianza sublime, una fe inquebrantable, y cómo se contrae por la falta de fe en nosotros mismos, por la auto-depreciación, por timidez y por falta de coraje. Usted sabe cuan más grande persona es usted - cuánto más capaz es de planear y hacer cosas-, cuando su valor está arriba y usted cree en sí mismo; que cuando está deprimido y desanimado. Usted sabe por experiencia que la conciencia de su capacidad se amplía hasta que usted siente que podría enfrentar casi cualquier cosa.

Haga de este su estado de ánimo habitual y su capacidad estará siempre disponible, siempre en su punto máximo.

Por otro lado, tenga una opinión pobre de sí mismo, niéguese a asumir responsabilidades, repréndase siempre y menosprecie sus poderes: ¡y aún con la capacidad natural de un Platón nunca logrará nada! Este tipo de actitud mental mantiene "reprimidas" más capacidades reales; mantiene más méritos en posiciones mediocres; que cualquier otra limitación en la gama de las discapacidades humanas.

Muchos con excelentes dotes mentales y espléndidos rasgos de carácter se mantienen prácticamente toda su vida como "don nadies" a causa de su timidez, de su sentido de inferioridad, su duda, su actitud autocrítica. Otros con la mitad de su habilidad natural salen adelante, hacen fortunas, alcanzan lugares de poder e influencia, mientras que aquellos con actitudes pobres permanecen en la pobreza y la oscuridad.

Por todas partes, el hombre tímido, retraído y modesto se sitúa en tremenda desventaja, mental, social, empresarial y profesional. A la gente le puede dar lástima, quizá le compadezcan, y sus amigos pueden decir que tiene una gran capacidad y espléndidos rasgos de carácter, pero esto no es suficiente. Sin autoconfianza, empuje, seguridad, y el valor de demostrar su capacidad ante el mundo, no podrá ganar a lo grande en nada. Su baja opinión de sí mismo neutralizará un gran porcentaje de su capacidad real.

Cada persona tiene más capacidad de lo que cree que tiene, y más de la que usa normalmente. Bajo el impulso de una fuerte motivación, un nuevo estímulo para el esfuerzo, o cuando se nos confiere una gran responsabilidad, y se nos pone en una situación en la que tenemos que nadar o hundirnos, no hay nadie entre nosotros que no responda a la exigencia, desplegando una cantidad de capacidad que nunca antes ni habíamos soñado que poseíamos.

La capacidad de algunos está tan profunda que nunca están en su mejor momento, excepto en una gran crisis. Entonces el gigante en ellos es liberado, y grandes poderes, de los que ellos mismos eran ignorantes, se liberan en su interior.

La responsabilidad es un gran desarrollador de capacidad. A menudo vemos un buen ejemplo de esto cuando a un joven se le hace "socio" de una empresa importante. Su iniciativa, su fuerza ejecutiva, su valor, todas las cualidades que expanden la capacidad, son tan fortalecidas por el estímulo del ascenso, que se anima a hacer cosas que ni había soñado lograr cuando era sólo un empleado.

Ahora, hacerlo socio no añadió nada a su capacidad latente, pero le dio más confianza en sí mismo, y el hecho de que está confiando en que saldrá adelante en el nuevo cargo le obliga a llevar sus capacidad al límite, y lo logra.

Nunca rechace una responsabilidad. Eso es desperdiciar una oportunidad para ampliar su capacidad.

Si Edison inventara un instrumento por medio del cual fuese posible que los hombres y las mujeres aumentaran su capacidad natural en un cincuenta por ciento, no habría precio que no estaríamos dispuestos a pagar por él. Sin embargo, no hay hombre o mujer, niño o niña, que no pueda hacer precisamente esto con una forma correcta de pensar; enfrentando la vida de la manera correcta, y usando las oportunidades a la mano.

Justo donde usted esté, no importa cuál sea su entorno, sus desventajas o sus limitaciones, usted tiene la capacidad suficiente para convertirse en un éxito en lo que sea que usted desee hacer; para salir de la carencia y la pobreza y convertirse en millonario.

Amplíe su capacidad; haga todo lo que le permita estirar su acordeón al límite, y se sorprenderá de lo que puede lograr.

8.
Véase como un éxito

Usted no tiene más derecho de ir entre la gente con expresión de vinagre en su rostro, irradiando veneno mental, difundiendo los gérmenes de la duda, el miedo, el desánimo y el desaliento; que el derecho de infligirles lesiones corporales.

Para ser un conquistador, la apariencia, el porte, es el primer paso hacia el éxito.

Camine, hable y actúe como si fuera "alguien", y será más propenso a convertirse en tal.

Deje que la victoria hable desde su rostro y se exprese en sus modales, su conversación, su desenvolvimiento.

Nunca muestre al mundo un rostro sombrío o pesimista; esto es como reconocer que la vida ha sido una decepción en lugar de un triunfo glorioso.

Cuando un hombre se siente como un rey, se verá real. Una Majestad más regia que la que nunca se sentó en un trono se reflejará en su rostro cuando haya aprendido cómo reclamar y expresar la divinidad -que es su derecho de nacimiento.

Cuando Frank A. Vanderlip, ex presidente del Banco *National City* de Nueva York, era reportero del *Chicago Tribune*, pidió a su jefe que le dijera cual pensaba sería la mejor ayuda para alguien que lucha para tener éxito, la respuesta inmediata fue: "Véase como si ya lo hubiese logrado".

Esto causó una gran impresión al joven Vanderlip y cambió por completo algunas de sus ideas sobre el tema, sobre todo en lo que se refiere al vestido.

A partir de ese momento comenzó a arreglarse y a ser más cuidadoso en su apariencia general. Su jefe le había abierto los ojos ante el gran valor de las apariencias, sobre todo en el crear una primera impresión.

Se convenció de que si un hombre no parece próspero, la gente pensará que no tiene la ambición correcta o la capacidad de tener éxito; pensarán que "algo le pasa", porque de lo contrario se vestiría mejor y tendría un mejor aspecto.

Charles W. Eliot, presidente emérito de Harvard, dijo que gran parte del éxito depende de la opinión de los demás, de aquellos a los que, tal vez, uno nunca ha hablado ni una palabra, o ni siquiera ha visto.

Nuestra reputación viaja por varias rutas en todas direcciones y, de acuerdo a su naturaleza, tendrá una gran influencia en nuestra carrera. Por eso, es una gran cosa formar el hábito de ir por el mundo dando la impresión a todos de que usted es un ganador, que está destinado a ser alguien, ¡a lograr algo valioso para el mundo!

Deje que esta idea se destaque en todo lo que hace, en su conversación, su apariencia. Deje que todo lo que haga, haga que el mundo diga: "Él es un ganador, mantenga sus ojos en él." Si usted está ansioso de ganar de una manera grande, cultive el porte del éxito, la apariencia de una persona exitosa.

Si camina con una atmósfera de pobreza y derrota, y si su aspecto indica dejadez, pereza, falta de sistema y orden, falta de energía, de empuje, de espíritu progresista, no puede esperar que los demás piensen que usted es una persona eficiente y moderna que va empujando hacia el frente.

Por supuesto, cada empresario sabe que a veces sucede que un hombre mal vestido, con pantalones anchos y ropa sucia, puede tener un montón de cosas buenas en él, pero no lo espera. Las posibilidades de encontrar un empleado muy valioso con este tipo de "auto-publicidad" es tan pequeña que la mayoría no correrán el riesgo.

Su vestido, su porte, su conversación, su conducta, todos deben cuadrar con su ambición. Todas estas cosas son ayudas para su logro, y no puede permitirse el lujo de ignorar ninguno de ellos. El mundo lo toma a usted por el valor que usted mismo se da. Si usted asume una actitud victoriosa, se le dará el derecho de paso.

Una razón que dificulta a muchos jóvenes el empezar, proviene del hecho de que no crean en los demás la impresión de poder, de la fuerza que logra y hace las cosas. No se dan cuenta de lo mucho que su reputación tiene que ver con lo que logran en el mundo. No se dan cuenta de que la confianza de otras personas es una fuerza tremenda.

Un gran médico o un abogado logra su reputación en gran parte por la impresión que crea en la gente, no sólo en la forma en que lleva a cabo las tareas de su profesión, sino también en su actitud en general.

Nosotros pesamos, medimos y estimamos la gente por la impresión que causan en nosotros, considerando todo. La actitud victoriosa inspira confianza en los demás y en uno mismo. Su efecto psicológico es impresionante. Camine, hable y actúe como si ya fuera la persona que aspira ser, e inconscientemente estará poniendo en marcha fuerzas invisibles que acomodarán las circunstancias para la realización de su voluntad. Deje que su aire sea el de un ganador, de alguien decidido a hacer su camino en el mundo, ¡decidido a ser algo! Ponga energía y vida a su paso, fuerza, vitalidad, y porte en cada movimiento de su cuerpo.

Nunca mire hacia adelante con una mueca de dolor. No se disculpe por "ocupar espacio en la tierra que podría ser llenado con mayor provecho por otro", usted tiene el mismo derecho de estar aquí que cualquier otro ser humano, si está haciendo el bien (y si no está haciendo el bien, debería estarlo).

No importa lo que venga, sea derrota o amenaza de fracaso, nunca pierda la "conciencia victoriosa". Deje que la gente lea esta declaración en su porte, en su vida en general:

"Yo soy un ganador, nunca me he rendido; nunca he eludido mis responsabilidades. He hecho mi parte, no me he escondido ante el deber, no he sido un ladrón o un estafador que viste y usa lo que otros han ganado, sin dar nada a cambio. He hecho mi parte ¡y puedo levantar mi cabeza y mirar al mundo a la cara! "

Entre más dura su situación, entre más difícil se vea el camino, entre más oscuro el panorama, más necesario es llevar esa conciencia victoriosa. Si luce la expresión de derrota, si confiesa con su cara que está vencido, o que espera estarlo, usted ya fracasó.

Siempre debe tener en lo más alto de su mente la idea de victoria en la vida, no la idea de fracaso; la ambición de triunfo y no de fracaso: esto es lo que le llevará a la meta que aspira a alcanzar.

Tenga fe en el poder que le ha dado Dios para tener éxito en una ambición digna. Concentre sus esfuerzos en su realización, y nada en la tierra puede alejarlo del éxito. Esta actitud mental le hará un ganador desde el principio, porque usted siempre se dirige hacia su pensamiento, hacia su convicción de sí mismo. La convicción de que nació para ganar es una tremenda fuerza creativa en su vida; así como la convicción de usted es un fracaso le mantendrá abajo hasta que cambie el modelo de sí mismo.

La vida no es un juego de derrota ¡siempre es de victoria cuando se juega bien! La culpa es de los jugadores.

Dios no hizo al hombre para que fuese un fracaso; lo hizo para ser un éxito glorioso.

El gran problema con todos los fracasados, es que no comenzaron bien. En su juventud, la textura misma de su ser no fue impregnada con la convicción de que lo que se obtiene de la vida debe ser primero creado en la mente; y que es dentro del hombre, dentro de la mujer, donde se ejecutan todos los grandes procesos creativos de todo lo que realizamos en nuestras carreras.

La mayoría de nosotros dependemos demasiado de cosas externas, de otras personas, cuando el resorte principal de la vida - el poder que mueve el mundo de las personas y las cosas-, está dentro de nosotros.

Piense en lo que significaría para el mundo de hoy si todas las personas que se ven a sí mismos como "don nadies" y "fracasos", sombras de lo que podrían haber sido y debieran ser, recibirían esta idea triunfante de vida. Si alguna vez pudiesen dar un vistazo a sus propias posibilidades, y asumieran la actitud victoriosa y triunfante. ¡Revolucionarían el mundo!

¡Cuántas personas forman el hábito crónico de caer en ataques frecuentes de depresión! Permiten a la depresión un fácil acceso a sus mentes; de hecho, están siempre en casa con ellos, y son susceptibles a toda forma de desánimo que viene con ella. Cada pequeño contratiempo, cada pequeña dificultad, los deprime y los hace decir "¿Para qué?" Y como resultado su trabajo es deficiente e ineficaz, y no atraen las cosas que desean.

Cada vez que da paso al desaliento, cada vez que se deprime, retrocede: sus pensamientos destructivos están destruyendo lo que usted ha estado tratando de construir.

Un ataque de desánimo, visualizando el fracaso o condiciones de pobreza, destruirá rápidamente el resultado construido por mucho pensamiento triunfante.

Sus fuerzas creativas se armonizan con sus pensamientos, sus emociones y estados de ánimo, y crean en sintonía con ellos. Sature su mente con esperanza, la expectativa de cosas mejores, la creencia de que sus sueños se están haciendo realidad. Convénzase de que va a ganar, deje que su mente descanse con pensamientos de éxito. No deje que los enemigos de su éxito y felicidad dominen su mente, o le atraerán la condición que ellos representan.

Destruya los pensamientos y emociones y convicciones que tienden a destruir su esperanza y ambiciones, y a derribar los resultados de lo que ha construido en el pasado. Si no lo hace, estos crearán más fracasos, más pobreza.

Si quiere alcanzar el éxito, piense en condiciones creativas y de éxito. Dirija su carácter y toda su vida hacia el triunfo, hacia la victoria. Sostenga el pensamiento victorioso hacia usted, hacia su futuro, hacia su carrera... Entonces, esto tenderá a crear condiciones favorables para la realización de su ambición, el cumplimiento de sus deseos.

"Vaya con valentía, vaya tranquilamente, vaya augustamente; Entonces ¿Quién podrá resistirse a usted?"

No conozco nada que dé más satisfacción que la conciencia de que hemos formado el hábito de ganar, el hábito de la victoria, el hábito de llevar una actitud mental victoriosa, de caminar, de actuar, de hablar, mirándonos como ganadores, como conquistadores.

Ese tipo de actitud siempre mantiene las cualidades dominantes y útiles en un primer plano, siempre en ascenso.

Uno de los hábitos más difíciles de superar en la vida madura -uno que es fatal para la eficiencia-, es el hábito de "estar derrotado". Nunca se permita caer en él. Usted puede aprender una lección de cada derrota y hacerla un nuevo peldaño hacia su ambición.

El éxito es la condición normal de todo ser humano; fuimos hechos para el éxito, somos máquinas de éxito; y ser unos fracasados es pervertir la intención del Creador. Cada joven debe ser enseñado a asumir una actitud triunfante hacia la vida, a conducirse como un ganador, porque fue hecho para ganar. Ningún niño ha sido realmente "educado" hasta haber aprendido a vivir una vida victoriosa. Eso es lo que la educación real debe enseñar, ¡victoria! Y que cada victoria nos ayuda a ganar otras victorias.

El hábito de ganar en todo lo que emprendemos se puede formar casi tan fácilmente como el hábito de ser derrotado. Desde la cuna un niño debe ser enseñado que él es divino, un Dios en proceso, y que debe mantener la cabeza en alto y proceder con total confianza, ya que está destinado para algo extraordinario. Enseñe al niño que él vino a la tierra con un mensaje para la humanidad, y que debe entregarlo como un embajador. Muéstrele que luchar con dificultades es como practicar en un gimnasio donde cada victoria sobre sus músculos le hace mucho más fuerte, y hace el siguiente intento mucho más seguro y fácil.

Hágale entender plenamente que cada problema resuelto en la escuela, cada tarea realizada rápidamente y con amabilidad, cada trabajo ejecutado magníficamente, añade más a su poder ganador, a la fuerza de sus posibilidades de éxito.

Los grandes premios de la vida son para los valientes, los intrépidos, los que confían en sí mismos. El tímido y vacilante, que se detiene a escuchar a sus temores, permite que muchas oportunidades pasen de lejos. Si usted cree tener disposición a ser tímido; si carece de coraje e iniciativa; si es demasiado retraído para hablar o expresar sus opiniones cuando es deseable; si se ruboriza, tartamudea y es torpe cuando debería aparecer calmado y con auto control, puede superar sus defectos y construir las cualidades de las cuales carece, entrenando a su ser subjetivo a ser valiente, a no avergonzarse, a estar tranquilo en cualquier entorno. Constantemente sugiera valor y heroísmo a ese ser interior. Niegue rotundamente que usted es tímido, cobarde, temeroso de hablar o de ser natural en público o ante nadie. Afirme que es valiente, que no tiene miedo de hacer cualquier cosa que deba hacer, -siempre que sea correcta y apropiada-.

Practique el caminar por entre la gente como si fuera valiente, valeroso, con confianza y completamente seguro de sí mismo, tan capaz de mantener una conversación honrosamente, o de entrar en una habitación con gracia como es de desempeñar sus tareas diarias.

Sostenga el pensamiento triunfante sobre su futuro, su ideal, su sueño.

Lleve consigo la atmósfera del vencedor. Aprenda a irradiar poder. Haga que todo acerca de usted inspire confianza, fortaleza, maestría, victoria. Deje que todo aquel que tenga algo que ver con usted vea que es un ganador nato.

No vaya por allí como si la vida fuese una decepción, como si no tuviera ninguna ambición especial en la vida. Si quiere destacar por algo inusual, si quiere tener peso en el mundo, y si desea que sus vecinos se enorgullezcan de que usted vive cerca de ellos, debe destacarse en todos los aspectos. ¡Manténgase a la altura!

No vaya por ahí como un fracaso, como un don nadie. No vaya por allí descuidado, desaliñado. ¡Vístase bien, arréglese, mire hacia arriba, luche!

Deje que el mundo vea, mientras usted camina, que usted piensa bien de sí mismo, y que hay una razón para ello. Deje que la gente vea que usted es consciente de que está en una misión suprema, jugando un papel extraordinario en el gran juego de la vida.

Pronto empezará a ver lo que busca en lugar de lo que teme, y encontrará sus sueños haciéndose realidad.

9.
Cómo hacer realidad sus sueños.

Los anhelos de nuestro corazón, las aspiraciones de nuestra alma, son profecías, predicciones, precursores de las realidades. Son indicadores de nuestras posibilidades, de las cosas que podemos lograr.

El momento en que usted resuelva hacer realidad su sueño de vida, habrá dado el primer paso hacia su realización... ¡pero allí se detendrá si sus esfuerzos cesan!

Mantenerse tras sus ideales, alimentar sus visiones, cultivar sus sueños, visualizar lo que anhela vivamente, intensamente, y luchar con toda su fuerza para hacerlo coincidir con la realidad - esto es lo que hace que la vida cuente.

Nuestra capacidad de soñar nos da un vistazo a las gloriosas realidades que nos esperan más adelante.

Los sueños son verdad mientras duran, y ¿no vivimos en sueños? - TENNYSON.

CUANDO Gordon H. Selfridge, antiguo gerente de la empresa Marshall Field, fue a Londres y estableció allí una gran tienda por departamentos del tipo Marshall Field, sólo dio el paso final en la realización de un sueño que había alimentado durante años.

Mucho antes de que pusiera un pie en las costas de Inglaterra, había tenido el almacén totalmente diseñado en su mente. Lo había construido mentalmente antes de cruzar el Atlántico, y ya en el "ojo" de su mente, lo vio convertido en un éxito maravilloso.

"Imaginé grandes multitudes de clientes dirigiéndose a mi nueva tienda," dijo, "y pude verlo lleno de compradores ansiosos mucho antes de irme para Inglaterra."

Desde el momento en que la idea de una tienda por departamentos en Londres tomó forma en su mente, el señor Selfridge se mantuvo visualizando la estructura terminada. Él mantuvo su sueño vivo y vívido por la determinación de hacerlo realidad. Él no iba a permitir que fuese destruido, ni dejaría que su idea fuese expulsada por las dudas, temores e incertidumbres, o por los consejos bien intencionados de sus amigos: que se mantuviese alejado de Inglaterra, porque los ingleses eran tan lentos para aceptar nuevas ideas, que sería un fracaso si iba allí. Él no hizo caso de lo que decían, porque él no creía que los ingleses fuesen tan poco progresistas como ellos pensaban. Creía que responderían a la idea de Estados Unidos, la idea de Marshall Field, y que los métodos que habían demostrado ser tan exitosos en los Estados Unidos también serían un éxito en Inglaterra.

La increíble popularidad de la Tienda por Departamentos Selfridge, que ha sido durante mucho tiempo uno de los "*lugares de moda*" de Londres, no es más que otra prueba de que el soñador que sueña sueños y ve visiones siempre es más sabio que, y siempre va por delante de, los llamados "prácticos", esos *sabios* que lo desaniman y tratan de apartarlo de su visión.

Los hombres y mujeres que, en todas las épocas, han hecho grandes cosas en el mundo siempre han sido soñadores, siempre han tenido visiones, y siempre han visto sus sueños como realidades; visualizándose a sí mismos logrando las cosas que ambicionaban hacer mucho antes de que pudieran lograrlas y hacerlas realidad.

Colón, Stephenson, Charles Goodyear, Elias Howe, Robert Fulton, Cyrus W. Field, Tomas Edison, Graham-Bell, todos los grandes descubridores, exploradores, científicos, filántropos, inventores, filósofos, que han empujado al mundo hacia adelante y prestado un servicio incalculable a la humanidad, han visualizado sus sueños y nutrido sus visiones a través de largos años, muchos en medio de la pobreza, la persecución, el ridículo y la oposición, hasta que trajeron sus sueños a la tierra y los hicieron realidades.

Al hacer un estudio de los métodos de los hombres y mujeres de éxito, he encontrado que casi invariablemente son visualizadores fuertes y vívidos de las cosas que están tratando de lograr. Son trabajadores intensos así como soñadores, y cuidan su visión tenazmente hasta que la hacen coincidir con la realidad.

Construyen castillos en el aire, pero ponen una sólida fundación de realidad bajo ellos.

Cuando Lillian Nordica era una chica pobre, cantando en el pequeño coro de la iglesia de su pueblo natal en Maine, y aun cuando incluso su propia gente pensaba que era una vergüenza para una chica aparecer en un escenario, cantar en conciertos públicos o en la ópera, ella se imaginaba a sí misma como una gran *prima donna* cantando ante vastas audiencias en su propio país, en las capitales extranjeras, y ante la realeza de Europa.

Cuando el joven Henry Clay practicaba su oratoria frente a los animales domésticos en un granero de Virginia, él se visualizaba a sí mismo impactando grandes audiencias con su elocuencia.

Cuando Washington tenía doce años se imaginaba a sí mismo como un líder rico y poderoso, un hombre de gran importancia en las colonias, y como regente de una nación que ayudaría a crear.

Cuando John Wanamaker entregaba ropa en una carretilla de mano, en Filadelfia, se veía a sí mismo como el propietario de un establecimiento mucho más grande que cualquiera que existiese en esa ciudad. Vio más allá y vislumbró la tienda "Wanamaker" que algún día existiría, y al gran y poderoso comerciante con inmensas tiendas en las principales capitales del mundo.

El joven Andrew Carnegie se imaginó a sí mismo como una figura poderosa en el mundo del acero, al igual que el joven Charles M. Schwab, incluso cuando era un empleado ordinario. Cuando trabajaba en la planta de Homestead, Schwab dijo al señor Carnegie que él no quería un mayor salario, ni una posición más importante como simple empleado, que su ambición era ser un socio en la empresa. Eso era lo único que le satisfaría.

Esta *visualización* no es mera vanidad o egoísmo mezquino, es el impulso de Dios en las personas que las empujan más allá de sí mismas, más allá de lo visible para el ojo físico, a cosas mejores. Las Escrituras nos dicen que sin una visión, el pueblo perece.

Nunca he conocido a nadie que haya hecho algo fuera de lo común, que no fuese capaz de ver más allá de lo visible en el vasto universo invisible de las cosas que pueden ser, que no mantuviese claramente en su mente la visión de la cosa particular que estaba tratando de lograr.

Es aquel que puede visualizar lo que aún no existe en el mundo visible que nos rodea y lo ve como una realidad; aquel que puede ver prósperas industrias donde otros no ven ninguna oportunidad ni posibilidad; aquel que ve ciudades llenas, grandes poblaciones en las praderas donde otros ven sólo pastos, llanos alcalinos y desolación; aquel que ve el poder, la opulencia, la abundancia, el éxito, donde otros ven sólo el fracaso, la limitación, la pobreza y la miseria; aquel es quien finalmente se dirige hacia la cima y gana.

Fue este tipo de visión la que hizo de James J. Hill el gran "constructor de imperios" del Noroeste. Soñaba con un gran sistema de ferrocarriles que haría que millones de granjas fértiles a lo largo de su ruta prosperaran; y que haría florecer el desierto como una rosa. Muchos se rieron de este esquema visionario, muchos incluso de aquellos que trabajaban para él cuando murió. Eran hombres que nunca habían sido capaces de hacer un lugar y un nombre por sí mismos, porque nunca habían aprendido que el gran secreto del éxito radica en visualizar los sueños y hacerlos realidad. Tal vez ellos no creían en sus sueños, y los sacaban de sus mentes como si fuesen meras y ociosas fantasías.

Muchos parecen pensar que la facultad de imaginación o visualización, es una especie de apéndice del cerebro, que no es una parte fundamental y necesaria del hombre, y nunca la han tomado muy en serio. Pero aquellos de nosotros que hemos estudiado leyes mentales sabemos que es una de las funciones más importantes de la mente. Estamos empezando a descubrir que el poder de visualizar es una especie de mensajero de avanzada, que anuncia las cosas que el Creador nos ha calificado para llevar a cabo.

En otras palabras, estamos empezando a ver que nuestras visiones son profecías de nuestro futuro, programas de imágenes mentales, que se supone que debemos llevar a cabo y convertir en realidades concretas.

Por ejemplo, un joven cuya inclinación es totalmente en otra dirección, no es perseguido por una visión arquitectónica, una visión del arte, una visión mercantil, o una visión de alguna otra cosa para la cual no tiene afinidad natural. Una niña no sueña con una carrera musical años antes de tener la más mínima oportunidad para hacer de la música una carrera, si no tiene talento musical, o si su habilidad en alguna otra cosa es mucho más pronunciada.

Los niños y niñas, hombres y mujeres, no son perseguidos por sueños para hacer cosas para las cuales la naturaleza no los ha preparado. *Soñamos un sueño en particular, vemos una visión particular, porque tenemos el talento y la habilidad especial para llevar ese sueño, esa visión, a la realidad. Hay una divinidad detrás de estas visiones. Son profecías de nuestro posible futuro, y la naturaleza está lanzando estas imágenes en nuestra pantalla mental para darnos una idea de las posibilidades que nos esperan.*

Por supuesto, con sueños y visiones no me refiero a meras fantasías ni pensamientos vagos e indefinidos que revolotean por la mente; sino a nuestros anhelos reales del corazón, los anhelos del alma, las imágenes mentales de un futuro que nos persigue en sueños, y la urgencia insistente que nos empuja hasta que tratamos de hacerlos coincidir con la realidad, de traerlos a lo material.

Una de las razones por las cuales la mayoría hacemos cosas tan pequeñas y poco originales, es porque no nutrimos lo suficiente nuestras visiones y anhelos. El plano del edificio debe venir antes de la construcción. Subimos por la escalera de nuestras visiones, de nuestros sueños. El diseño del escultor debe vivir en su propia mente antes de que pueda sacarlo del mármol. No nos damos cuenta ni de la mitad de la fuerza mental que generamos por visualizar persistentemente nuestro ideal, por el perpetuo aferrarnos a los sueños, a la visión de lo que anhelamos hacer o ser.

No sabemos que alimentar nuestros deseos hace que las imágenes mentales sean más fuertes y más claras, y que estos procesos mentales están completando los planos del edificio de nuestra vida futura, rellenando los contornos y detalles, y extrayendo, desde de la energía invisible del universo, los materiales para nuestro edificio actual. No existe nada tan útil en el logro de sus ambiciones como el hábito de visualizar lo que se está tratando de lograr; visualizarlo vívidamente, tan claramente, tan vigorosamente como sea posible, ya que esto convierte a la mente en un imán para atraer lo que uno persigue.

A nuestro alrededor vemos jóvenes concentrando sus mentes con intensidad y persistencia en sus objetivos especiales y atrayendo hacía si resultados maravillosos.

Un estudiante de medicina tiene en su mente una visión de sí mismo como un gran médico o cirujano, y en unos años nos sorprende el tamaño de su práctica. Él atrajo esto desde la gran fuente universal con su perpetua visualización, la intensificación constante de su deseo, y la incesante lucha en el plano material para hacer su sueño realidad.

Incluso si usted es sólo un empleado humilde, imagínese a sí mismo como la persona que quiere ser, véase a sí mismo en la posición elevada que anhela alcanzar, alguien de importancia y una fuerza con peso en su comunidad. No importa si es sólo un mensajero o un dependiente, véase a sí mismo como socio de su empresa, o como propietario de un negocio propio.

No hay nada más potente en atraer el deseo de su corazón que visualizar ese deseo, soñar su sueño, viéndose a sí mismo como el ser humano ideal de su visión, llenando la posición en la que su ambición lo colocará.

Haga esto, y trabaje con todas las fuerzas para la consecución de su objetivo en el plano físico, y nada puede impedir su éxito.

Estos son los medios, adoptados consciente o inconscientemente, mediante los cuales cada hombre o mujer exitosos han logrado finalmente los deseos de su corazón.

Leyendo y pensando, visualizando y trabajando con toda su ambición en su campo, el niño Thomas Alva Edison, en la primera oportunidad, siendo un vendedor de periódicos en el ferrocarril Grand Trunk, comenzó a hacer realidad sus deseos mientras experimentaba con productos químicos en un vagón de carga que había preparado como laboratorio. Aferrado constantemente a su visión, visualizando su sueño de las posibilidades mágicas de la electricidad, siguió descubriendo, experimentando, inventando, hasta convertirse en el inventor eléctrico más grande del mundo, el "Mago de Menlo Park". Su mente, trabajando en armonía con la Mente Divina, ha sacado maravillosos inventos de la gran inteligencia cósmica, que está repleto de potencial para aquellos que pueden visualizar con intensidad y trabajar con constancia.

Lo que Edison hizo, lo que todas las almas aspirantes han hecho para hacer realidad sus sueños, usted puede hacerlo.

Aférrese a su visión y trabaje.

Hay un poder en nosotros, detrás de la carne, pero no de ella, trabajando en armonía con la Inteligencia Divina en el gran océano cósmico de energía, de oferta ilimitada, que está, hoy, realizando milagros en invención, en agricultura, en comercio, en industria.

Este poder, que es creativo y en todo lugar operativo, está destinado a levantar todo lo creado hasta la cima de sus posibilidades. Está latente en usted, en espera de ser expresado, en espera de su cooperación para realizar su ambición.

El primer paso para utilizarlo es visualizar el ideal de lo que quiere hacer realidad; el ideal del hombre o la mujer que apunta a ser, y de las cosas que quiere hacer.

Sin este paso inicial el resto del proceso de creación es imposible. No importa lo que pase, siempre aférrese al pensamiento, la creencia de que usted puede ser lo que anhela ser; que puede hacer lo que quiera hacer, e imagínese siempre teniendo éxito en lo que desea hacer realidad en su vida.

No importa cuales deberes u obligaciones urgentes pueden detenerlo por un tiempo; o cómo las circunstancias y condiciones puedan contradecir la posibilidad de su éxito; o cómo la gente, incluso su propia gente, pueden culparlo o malinterpretarlo, incluso llamarlo loco, desquiciado, o egotista engreído; *aférrese a su fe en su sueño, en sí mismo.*

Aférrese a su visión, cuídela, porque ese es el modelo inspirado por Dios por el cual Él le está urgiendo a dar forma a su vida.

10.
Cómo curar el desánimo

El desánimo ha hecho más para eclipsar los esfuerzos de la raza humana, ha frustrado más carreras, retrasado el crecimiento y llevado hambre a más vidas que cualquier otro agente.

Nunca tome una decisión cuando está abatido. Nunca deje que el lado débil de su naturaleza tome el control.

Usted no es capaz de juzgar correctamente cuando el miedo o la duda o el desánimo están en su mente. El buen juicio viene de un cerebro perfectamente normal.

¿Tiene la fuerza y el arrebato para soportar todo tipo de desánimo y seguir luchando tras el fracaso sin perder el corazón? ¿Para levantarse de nuevo cada vez que se cae? ¿Puede soportar las críticas, la incomprensión, el abuso, sin pestañear o debilitarse? ¿Tiene la perseverancia para continuar cuando otros se devuelven, para continuar la lucha cuando todo el mundo a su alrededor está renunciando? Si puede hacerlo, es un ganador: nada puede mantenerlo alejado de su meta.

"¡No puede hacerlo!" Estas palabras mantienen a más personas con espléndidas habilidades en la mediocridad, que casi cualquier otra cosa. '¡No se puede!' le espera por todas partes en la vida. A cada paso que se proponga tomar, encontrará a alguien que le va a "prevenir", que le dirá que no tome ese camino, que lo va a llevar al desastre. Y a menos que usted tenga un arranque inusual, una voluntad de hierro y una determinación que nunca flaquea, es probable que se desanime, y cuando está desanimado, su iniciativa se debilita y su poder se paraliza.

Alguien dijo: "el desaliento oculta los medios y métodos de Dios." Pero hace más que eso. Oculta al mismo Dios; borra de la vista todo lo que es útil y amistoso con nosotros. Paraliza nuestra capacidad, nuestro coraje, nuestra confianza en nosotros mismos; destruye nuestra eficiencia y reduce la eficacia de cada una de nuestras facultades. Todo médico sabe que el desaliento afecta la sanación de un paciente, -la retrasa, y a menudo la hace imposible. El enfermo que es alegre, esperanzado en la restauración de su salud, tiene diez oportunidades a una para recuperarse en comparación con el que está deprimido y abatido.

El desaliento quebranta el espíritu, y cuando el espíritu de un hombre es quebrantado, no tiene corazón para nada. Él es derrotado en la batalla de la vida. Un espíritu quebrantado, el perder la esperanza y el valor, causa más fracasos, más suicidios, más locura, que cualquier otra cosa.

Me gustaría que se pudiera mostrar a las víctimas del desaliento lo que este les hace; cómo les destruye la moral, y cómo derrumba lo que han creado en sus momentos creativos y de esperanza.

Hace poco tiempo leí la historia de un muchacho que se convirtió en víctima del desaliento. Después de perder su trabajo, durante una depresión económica, comenzaba cada mañana a buscar otro trabajo, y todas las noches llegaba a casa decepcionado. Durante mucho tiempo, no se desanimó, siempre creyó que en última instancia, obtendría un trabajo. Así pasó durante semanas, hasta que una noche se le hizo tarde para regresar, y su esposa, mirando por la ventana hasta que fue demasiado oscuro para seguir mirando, decidió ocuparse en tareas de casa para disipar la repentina sensación de ansiedad que se apoderó de ella.

Al llegar una hora más tarde, ella notó que alguna influencia deprimente parecía haberlo afectado, que no estaba tan optimista como hasta ahora había estado. Ella le levantó el ánimo, como siempre, le dio su cena, le animó en todo lo posible, y lo envió a la cama reconfortado. La mañana siguiente trató de hablar con esperanza, y cuando estuvo listo para comenzar a recorrer la ciudad, le aseguró que iba a hacer todo lo posible. Pero era evidente que no se sentía tan seguro de sí mismo, con tanta confianza, como hasta ahora se había sentido.

Esperando su regreso esa noche, mirando por la ventana, la fiel esposa se sorprendió al ver que no estaba solo. Una figura oscura, siniestra estaba a su lado, hablando muy seriamente con él. Le acompañó hasta la puerta y luego desapareció repentinamente. La noche siguiente, la misma figura siniestra caminaba a su lado. La mirada de desesperación en el rostro de su esposo la asustó. La tercera noche, la esposa esperó y observó hasta mucho después de oscurecer, pero su marido no llegó.

Paralizada por el miedo, se sentó toda la larga noche en la ventana, donde mantuvo una luz encendida hasta el amanecer, pero su marido siguió sin aparecer, y no se tenían noticias de él.

Tan pronto como su barrio volvió a la vida, ella corrió por un periódico, y lo primero que le llamó la atención fue leer sobre el suicidio de un hombre que se había arrojado al río y se había ahogado. Llena de aprensión, corrió a la morgue donde el periódico decía que habían llevado el cuerpo, y se verificaron sus temores. El cuerpo del ahogado era el de su marido.

Hacia el final, se había desalentado tanto por las imágenes espantosas que sus dudas y temores mostraban en la pantalla de su mente, que se desbalanceó mentalmente, y en la desesperación acabó con su vida. En los últimos días el desaliento estaba tan persistentemente a su lado, diciéndole que era inútil buscar un trabajo y que no volvería a conseguir uno, que él visualizó esto como una realidad, y lo hizo visible a los ojos sensibles de su esposa.

Ahora mismo conozco un número de personas que están tan deprimidos y desmoralizados por pensamientos pesimistas y de desánimo, que están poniendo en grave peligro su éxito futuro y la felicidad de toda su vida. Debido a que están temporalmente sin empleo, el desánimo se ha apoderado de ellos y han llenado sus mentes con imágenes tan negras y deprimentes que andan igual que los locos, en los bellos terrenos asignados a ellos. Sólo ven el mundo mental sombrío que sus pensamientos han construido, y no son conscientes del mundo brillante, alegre, y soleado a su alrededor.

Están, de hecho, temporalmente locos, porque toda la depresión mental, cualquiera que sea la causa inmediata, es en cierto modo una enajenación mental; la confusión y la infelicidad siempre son los resultados del pensamiento equivocado. Es bien sabido que la preocupación y el desaliento causan cambios químicos en el cuerpo, que de hecho producen venenos químicos. Estos venenos disminuyen el poder de resistencia del cuerpo y la mente y dejan a la víctima presa de todo tipo de resultados desafortunados.

Hay multitudes de personas hoy en mal estado de salud y en condiciones de pobreza, avanzando penosamente en descontento e infelicidad, cuando podrían ser felices y hacer cosas magníficas si no fueron víctimas de condiciones desalentadoras, condiciones que son en gran parte el resultado de su temor y preocupación.

Sus mentes están fuera de si --desquiciadas, y no aptas para el trabajo de hoy--, porque están divididos entre mirar hacia el futuro (anticipando todo tipo de males y desgracias), y hacia el pasado (lamentando todo lo que hicieron o no hicieron).

Una de las cosas más tristes de mi trabajo es el grito de infelicidad que me viene de personas que han perdido su valor y ambición. Me escriben que han arruinado sus carreras, y que lo único que pueden hacer es vivir de una manera desesperada y triste.

'¡Oh, si no hubiese renunciado en un momento de desánimo!' se lamentan. '¡Si no hubiese cedido a la nostalgia por mi casa, y no hubiese dejado la Universidad!' '¡Si me hubiese apegado a mi oficio, a mi práctica de abogado, a mi trabajo de ingeniería sólo un poco más, hasta que el éxito llegara, si hubiese seguido adelante, que diferentes serían las cosas hoy! Pero perdí mi corazón, estoy deprimido y desanimado y decidí probar algo más fácil. Nunca he sido feliz ni he estado satisfecho conmigo mismo desde que jugué al cobarde y me devolví, pero es demasiado tarde para cambiar.'.

Hoy, hay millones de personas en posiciones inferiores o mediocres que podrían estar haciendo grandes cosas si no se hubiesen rendido al desaliento en el inicio y arruinado la promesa de sus vidas. El noventa por ciento de los hombres y mujeres en el gran ejército del fracaso están ahí porque no estaban preparados para enfrentar los obstáculos o reveses, y se asustaron cuando los enfrentaron. No tenían la visión que ve más allá, por encima de los obstáculos y se aferra a pesar de las dificultades inesperadas, decepciones y reveses.

Algunas personas están siempre en casa de la "depresión y la tristeza". Son, como dice Carlyle, "ricos en el poder de ser miserables." Conozco a una mujer cuya mente está tan entonada con el desaliento y el desánimo que muy poco la hace caer en un ataque de "tristeza".

Ella parece estar siempre lista para recibir a toda la familia "tristón"; y el primero que logra entrar a su mente arrastra consigo a sus familiares, -el desánimo, desaliento, la desesperación, el miedo, la preocupación, y todo lo demás. Ellos la esclavizan por días, expulsando a todo lo demás, toda la felicidad, valor, confianza, y hasta su propia cordura.

Permitirse caer en "tristeza" o depresión, en mórbidos estados de ánimo de abatimiento, es peligroso para el desarrollo del carácter y el éxito. Después de un tiempo se convierte en un hábito asentado -en una enfermedad-, y cada pequeño contratiempo, cada pequeña decepción, desequilibra a su víctima, mata su entusiasmo y sus deseos de trabajar, reduce su eficiencia y, por el momento, su capacidad. Al final, actúa como una parálisis progresiva y le roba de toda iniciativa, todo el poder y energía, y hasta el deseo de hacer cualquier cosa.

Conozco a un hombre cuyo abatimiento habitual lo ha matado de hambre y dilación toda su vida; un ejemplo notable del poder destructivo de los pensamientos tristes. Él da la impresión de grandes posibilidades que nunca fueron expresadas. Sus fuerzas están encerradas en su interior. Siempre está lleno de miedo, preocupación y ansiedad. El desánimo lo envuelve como un manto. Su actitud, sus modales, su expresión, su discurso, todo indica contracción y arrugamiento, una impotencia que se debe a sus lamentables estados de ánimo... Descontento, inquieto, triste, sufriendo de "ambiciones frustradas", y a pesar de que ha trabajado muy duro toda su vida, su mentalidad morbosa y su perspectiva de desánimo han reducido su eficiencia en más del cincuenta por ciento, dejándolo muy atrás de lo que alguien con su capacidad natural debería ser.

Una de las marcas de un alma fuerte anclada en la fe, es la capacidad de conquistar el desánimo, la melancolía, la "tristeza", todas las tendencias a la cobardía y la autocompasión. No importa lo que pase o qué obstáculos o pruebas empujen estas almas temporalmente hacia atrás o hacia abajo, nunca pierden la esperanza o ceden ante las decepciones y fracasos. No es que no sienten esas cosas, sino que no van a sufrir tanto como para que los hagan dejar de lado sus propósitos o para que derroten sus ambiciones.

Los mayores obstáculos para el éxito están en nuestras mentes; y no hay nadie tan débil que no puede superar los más destructivos *"pensamientos enemigos"* con la aplicación de química mental, es decir, llamando en su ayuda a los antídotos contra los *pensamientos enemigos*, y entrenando la mente para que siempre mire hacia la luz, y no hacia la oscuridad. Un pensamiento desalentador o de abatimiento puede ser neutralizado al instante por un pensamiento de valor, de esperanza; al igual que un álcali puede neutralizar un ácido al instante. La ley mental es tan científica como la física. No podemos sostener dos ideas opuestas al mismo tiempo: una expulsa o neutraliza a la otra. Siempre podemos desplazar un *pensamiento de miedo* destructivo y negativo, manteniendo en la mente su opuesto, -un pensamiento positivo, constructivo y valiente.

"Silbar para mantener el valor no es una mera figura retórica", dijo William James, el gran psicólogo. "Por el contrario, siéntese todo el día en una postura abatida, suspire y responda a todo con una voz lúgubre, ¡y su melancolía perdurará!"

Por nuestros pensamientos y actos podemos obtener coraje o desaliento. O sea, podemos cambiar nuestra actitud mental a voluntad, *y cambiar nuestro pensamiento es cambiar nuestra condición.*

Por ejemplo, si está buscando trabajo y no encuentra, si ha tenido reveses y no sabe de dónde vendrá su próximo dólar, si siente que no encaja en ningún lado, si ha cometido errores, y si por cualquier razón está desanimado y tentado a retroceder ante el enemigo, en lugar de ir por ahí con un aire de derrota y abatimiento, cambie la cara y asuma la actitud de un vencedor en la vida. Dígase a sí mismo: " Dios no creó nadie para ser un fracaso. Él dio a todos sus hijos cualidades que llevan al éxito, a cada uno en su campo Todo lo que necesitamos es usarlas. Estoy listo para el éxito, porque yo participo de los atributos del Creador del universo, el Omnipotente. Ahora voy a usar el poder divino dentro de mí para hacer lo que quiero hacer; para obtener la posición que deseo, para satisfacer todas mis necesidades. El fracaso no puede acercarse a mí. Soy un éxito ahora, porque Soy uno con el TODO-PODEROSO."

Mantenga esta actitud mental, y se sorprenderá al descubrir lo que el valor le dará, y cómo sus dificultades se marchitan ante usted.

El General Foch dice *'una batalla perdida es una batalla que usted cree no poder ganar'* Multitudes de batallas han sido ganadas por la persistente determinación de un solo General que no había perdido la esperanza cuando todos los demás lo habían hecho.

"Ustedes fueron golpeados, pero este ejército no está golpeado," ha sido siempre la respuesta de los grandes generales a los desanimados que quieren dar la batalla por perdida.

Son los Joifres, los Fochs, los Grants, los hombres de fe y valor indómitos, los que han sacado victorias de las derrotas. Gloriosas victorias se han ganado, no por las masas, sino por individuos que tuvieron valor supremo, una poderosa fe en sí mismos y en su empresa, una determinación inquebrantable para tener éxito. En innumerables casos estas almas valientes han salvado el día (cuando sus camaradas habían abandonado porque sólo veían derrota), porque su voluntad de conquista sólo podía ver victoria. Alguien cerca suyo en este momento, mi amigo desanimado y lleno de dudas, podría entrar en vez de usted y lograr la victoria con los recursos que ahora le parecen tan inadecuados para el trabajo que tiene que hacer. Hay alguien –cuyas capacidades no son superiores a las suyas- que puede ver una oportunidad inusual en la misma situación que usted ve tan desesperada y desalentadora.

Un gran científico dijo que siempre que se encontraba con lo que parecía ser un obstáculo invencible, invariablemente estaba al borde de un descubrimiento importante. El momento más importante, -por encima de todos-, para que un hombre mantenga su fe y valor, es cuando el camino es tan oscuro que no puede ver hacia adelante. Si sigue empujando hacia su meta cuando todo parece ir en su contra, -cuando la duda y el desánimo están haciendo todo lo posible para que se dé por vencido, se de media vuelta y de manera cobarde abandone todo-, ese es el momento en que "*usted está más cerca de la victoria de lo que pueda soñar*".

Si usted nunca pierde su convicción en ese poder divino que le ha dado Dios, para vencer a pesar de las dificultades o los obstáculos que puedan surgir en su camino, nada le puede derrotar, porque está en asociación consciente con la Omnipotencia.

¿QUÉ SOY YO?

Yo soy el gran paralizador de la capacidad, el asesino de la aspiración y la ambición, el destructor de la energía, el asesino de la oportunidad.

Yo soy la causa de más sufrimiento, más pérdida y miseria humana, más tragedias y desdichas que cualquier otra cosa.

He maldecido a más seres humanos, detenido el desarrollo de más capacidades, estrangulado más genio y sofocado más talento que cualquier otra cosa en el mundo.

He acortado vastas multitudes de vidas y enviado a más gente al manicomio, a la delincuencia y al suicidio que lo que nadie podría soñar. Causo cambios químicos en el cerebro que paralizan la eficiencia y arruinan carreras.

Privo a los seres humanos de más cosas buenas para ellos - cosas que se adaptan a su naturaleza y que tenían la intención de disfrutar-, que cualquier otro agente.

Hago que hombres y mujeres usen ropa pobre y desaliñada y se vean abatidos y tristes, aun cuando es un derecho de todo ser humano el verse bien, estar bien vestido, atractivo y feliz.

Tapo el sol de la esperanza y hago que la gente vea todo bajo una luz distorsionada porque los hago ver el lado oscuro de las cosas.

Robo la vitalidad y hago inválidos crónicos a hombres y mujeres que deberían estar disfrutando de una salud perfecta.

Soy el instrumento más eficaz del diablo. Si él puede meterme en la conciencia de alguien en el momento psicológico adecuado, puede trabajar en la destrucción hasta del genio más grande y ambicioso.

Mantengo las mentes hambrientas y atontadas, y así tengo a vastas multitudes de gente en la ignorancia.

Por lo general ataco cuando la persona está "abajo", cuando las cosas han ido mal, y se siente deprimida. Cuando está cansada, fatigada, desvitalizada, encuentro fácil acceso a su mente, porque entonces su valor no es tan entusiasta, su cerebro no está tan alerta, y tiene menos arrojo en su naturaleza.

Me parece que el mejor momento para trabajar en mis víctimas es por la tarde. En la mañana las personas son demasiado vigorosas mentalmente, tienen demasiada vitalidad y energía, mucho valor como para ceder ante mí; pero en la tarde, cuando el cuerpo y el cerebro comienzan a cansarse del trabajo, y todo la persona se siente rendida por el cansancio, puedo derribar el gran esquema mental que estaba en la vanguardia del cerebro en la mañana, cuando las facultades estaban afiladas, y a menos que mi víctima esté alerta, pronto lo tengo bajo mi control.

Soy el más grande embustero. Una vez que me meto en la mente, puedo hacer que un gigante crea que es un pigmeo sin importancia. Puedo reducir su autoestima hasta que, en su propia valoración, no se vea como más que un hombre común y corriente.

Tengo un hermano gemelo, LA DUDA, que es llamado el gran traidor. Él está siempre dispuesto a ayudarme a terminar mi pequeño juego. Trabajamos juntos, y cuando alguien está bajo nuestro control es imposible que sea ingenioso, original, ni eficaz.

Me arrastro en la mente de la persona que ha decidido intentar nuevas cosas, salir de la rutina y forjar su propio camino. Así, debilito su ardor, amortiguo su entusiasmo, y hago que se sienta ineficaz e impotente. Le susurro al oído: "Camina lento, mejor ten cuidado Muchos, más capaces que tú, han caído tratando de hacer esto mismo. Aún no es momento de empezar con esto... Es mejor esperar, esperar, esperar"

No tengo un solo punto favorable en mi naturaleza, y sin embargo tengo más influencia sobre la raza humana que cualquiera de las cualidades más finas y más nobles que ayudan a llevar al ser humano a la altura de sus posibilidades.

YO SOY: EL DESALIENTO

11.
Haga que su mente subconsciente trabaje para usted

Cuando todo hombre y mujer sepa cómo hacer que el subconsciente trabaje para ellos, no habrá pobres, nadie en angustia o sufrimiento, en dolor o enfermedad, nadie estará triste, nadie va a ser víctima de sus ambiciones frustradas.

Su mente subconsciente es como un jardín, y hay que tener mucho cuidado con lo que se planta allí. Cada pensamiento, cada emoción, cada sugestión, es una semilla plantada en el suelo inconsciente, y le traerá una cosecha de su misma naturaleza. No importa qué tipo de semillas de pensamiento plante usted, sean de pobreza o prosperidad, de fracaso o de éxito, de felicidad o de miseria, usted recogerá una cosecha de eso mismo.

Si usted crea una impresión viva, intensa, y persistente de su determinación de ser lo que desea ser, en esa su gran mente creativa; si registra su determinación de tener éxito en hacer lo que anhela hacer; y da lo mejor para lograr esos anhelos, nada en el mundo podrá interponerse en el camino de su éxito.

Todo gran inventor, todo gran descubridor, todo gran genio ha sentido la emoción de esa divina fuerza interior, de ese poder misterioso tras la carne (pero que 'no es de la carne'), que ha venido en su ayuda durante la creación de ese invento, descubrimiento, libro, pintura, gran composición musical, poema, o lo que fuese que estaba tratando de crear o descubrir.

Mi predicción es que dentro de los próximos veinticinco años, el individuo promedio, a través de su conocimiento del poder infinito y de las posibilidades de la mente subconsciente -esa fuerza misteriosa en nuestro *gran interior*-, será capaz de lograr más de lo que las mentes más grandes de todos los tiempos alguna vez soñaron con lograr. La ciencia ha revelado el mecanismo del cuerpo y ha dominado los secretos de su maravillosa construcción y acción; pero el misterio de la mente es aún poco comprendido.

Muy pocos tienen siquiera una débil comprensión de sus inmensos poderes ocultos.

Durante el sueño, el cuerpo se vuelve inconsciente y todas sus actividades voluntarias cesan. Pero la mente -¿qué hace cuando el cuerpo duerme? Sabemos que no duerme, ya que cuando el cuerpo está envuelto en el sueño, la memoria y la imaginación se escapan de casa y se muevan libremente. Vagan por escenas del pasado o se proyectan hacia el futuro. Ahora están visitando California, ahora Londres, ahora París, ahora están en las estrellas. ¿Qué forma o cuerpo toman, si es que toman forma visible? Ciertamente parecen estar totalmente independientes del cuerpo durante el sueño.

La nueva psicología explica el misterio de la mente de una manera muy simple. A su juicio, esa parte de la mente que sigue activa cuando dormimos, es la fuerza maravillosa en nuestro *gran interior*, la cual, si se entiende y utiliza correctamente, permitirá al hombre elevarse a la altura de sus posibilidades ilimitadas. Sabemos que estamos usando una nueva fuente de energía. Cuando lo hagamos de manera inteligente, científicamente, todos podremos realizar lo que hasta ahora han sido considerados como "milagros".

Estamos empezando a entender que la mente subconsciente es el canal por el cual nos conectamos con la fuente infinita, con los grandes procesos creativos del universo, que a través de ella el hombre puede conectarse con la Mente Infinita y lograr cosas que harán que esos logros -que ahora provocan nuestro asombro y admiración- se vean como cosas insignificantes

Los resultados dependerán del grado de propósito inteligente y propósito consciente con el cual utilicemos la mente subconsciente, ya que esta está siempre ocupada registrando -en la sustancia creadora invisible- cada pensamiento, emoción, voluntad, deseo o sentimiento. Nunca duerme. Continuamente está trabajando en las sugerencias que recibe de la mente consciente u objetiva. Sus pensamientos habituales, sus convicciones, sus visiones, sus sueños, sus creencias, todas se imprimen en ella, y en última instancia, se expresarán en su vida.

En otras palabras, su mente subconsciente es su siervo, y procede al instante -sin alegatos, sin preguntas, sin importar si es una cosa grande o pequeña, buena o mala-, a obedecer la orden, a seguir la sugerencia que usted le dé.

Por ejemplo, cuando usted quiere tomar un tren temprano, o levantarse en medio de la noche con determinado propósito (y no está acostumbrado a hacerlo), y se dice a sí mismo o pone la idea en la mente antes de dormir, "tengo que despertar a tiempo para el tren de la mañana," o, "tengo que levantarme a la una de la mañana", puede estar seguro de que se despertará casi en el momento exacto que quería, cuando, tal vez, nunca se había despertado a esa hora.

Sin despertador ni nadie que lo llame, ¿qué es lo que lo despierta en el momento indicado? Probablemente nunca se había hecho esta pregunta o pensado en ello. Pero fue ese pequeño siervo fiel subconsciente que estaba de guardia mientras usted dormía.

Algo similar ocurre con nuestras citas o compromisos futuros. Usted se compromete a reunirse con alguien mañana -o algún día la próxima semana- en un determinado lugar y hora. No lo pone por escrito, y el asunto se le va de la mente. Pero cuando llega el momento recuerda el compromiso. Por mi mucha experiencia, sé que ese algo dentro de mí recordará cada compromiso a mi mente consciente a tiempo para atenderlo. No pienso en ello en absoluto. Sólo lo archivo en mi interior como archivaría una carta en mi oficina para futuras referencias. Entonces, dejo de pensar en ello, sabiendo que será atendido en el momento adecuado.

La persona entrenada aprende a encargar todo tipo de cosas a su secretario subconsciente, sabiendo, por experiencia, que le servirá fielmente, no sólo en cosas relativamente pequeñas (como despertarlo a la hora que desee en la noche, o temprano en la mañana; o recordarle sus compromisos), sino también en los problemas serios de la vida. Edison dice que cuando está ante un gran problema de trabajo y no tiene idea de cómo resolverlo, simplemente se "duerme sobre su asunto", y más de una vez se despierta en la mañana con la solución; "ese alguien interior" ha seguido trabajando para él mientras dormía, en formas en las que nunca hubiese soñado. Los detalles de varios inventos los ha completado de esta manera.

Conozco muchas personas profesionales y de negocios que hacen lo que Edison hace cuando deben enfrentar serios problemas: duermen "sobre ellos" antes de tomar cualquier decisión. De hecho, es lo más común en el mundo que nosotros, cuando estamos considerando algún problema serio digamos: "Tengo que "dormir sobre ese asunto" tan importante antes de decidir."

¿Qué es lo significa "dormir sobre un asunto"? Es posible que no lo entendamos o no seamos capaces de explicarlo, pero lo que realmente significa es esto: su mente subconsciente toma el problema en el punto donde su mente consciente lo dejó cuando se fue a dormir, y por la mañana usted se encuentra con que el asunto ha sido "analizado" para usted. Su sabiduría subconsciente ha entrado en la transacción, proveyéndole del beneficio de su consejo y habilitándolo para tomar la decisión correcta.

Cuando todos sepan cómo hacer que el subconsciente trabaje para ellos no habrá pobres, nadie con angustia o sufrimiento, dolor o enfermedad, nadie infeliz o víctima de ambiciones frustradas.

Sabremos que lo que tenemos que hacer para hacer realidad nuestros sueños, para ser prósperos y felices, es dar a nuestro secretario invisible las instrucciones correctas, y dar seguimiento con el esfuerzo necesario.

Establecer en su mente subconsciente aquello que desea se haga realidad, que tiene la ambición de lograr; e inculcarle el ideal de hombre o mujer que quiere ser, es el primer paso hacia el logro.

Sostenga la convicción consciente que lo que es suyo ya viene en camino hacia usted; trabaje por ello con confianza sabiendo que usted puede extraer de la energía creativa de la mente universal, cualquier cosa que desee, y seguramente vendrá a usted, porque habrá iniciado el proceso de creación en su *gran interior.*

Puestos en movimiento, sea consciente o inconscientemente, estos son los primeros pasos que han dado lugar a la producción de toda gran obra de arte y de genio en el mundo. Fueron adoptadas en la producción de nuestros ferrocarriles, nuestros buques, nuestros hogares, nuestros grandes monumentos y edificios, nuestras ciudades, nuestro telégrafo, teléfono y sistemas inalámbricos, nuestros aviones y todas las maravillas de `la invención moderna.

Edison dice que él es sólo un "medio" para que la gran inteligencia cósmica y la energía que llena el universo, transmita algunos dispositivos, de la infinidad posible, que están destinados a emancipar al ser humano de toda forma de servidumbre. Él cree que las mejores cosas que ha dado al mundo, han sido sólo "pasadas" a través de él, por la Fuente Infinita de toda Provisión, para beneficio todos los seres humanos.

Ahora, mientras que la mente subconsciente es todopoderosa en el trabajar sobre el diseño o idea que le demos, por sí misma no puede originar nada. Así, el tipo de material que provea a su mente subconsciente para trabajar ¡hará toda la diferencia en el mundo!

Usted puede convertirla en amiga o enemiga, pues ella hará aquello que le hace daño tan rápido como hará aquello que es una bendición. No por maldad, sino porque no tiene más poder de discriminación que el que tiene el suelo respecto de la semilla que siembra el agricultor. Si el agricultor comete un error y siembra semillas de cardo en lugar de trigo, el suelo no le dice: "Hey, amigo mío ¡te equivocaste! Sembraste semillas de cardo en lugar de trigo. Pero tranquilo, voy a cambiar las leyes del universo para que puedas cosechar trigo". ¡No! La tierra siempre nos dará una cosecha de lo que sembremos. Si sembramos semillas de cardo, será tan fiel en producir cardos como lo sería en producir trigo, coles o patatas.

Sembramos la semilla y la naturaleza nos da una cosecha correspondiente: esta es la ley en el plano físico. Es exactamente la misma ley en el plano mental. La mente subconsciente es como la tierra: es pasiva. La mente objetiva la usa, y le da sus órdenes o sugerencias, que esta ejecuta conforme a su naturaleza.

Es decir, la mente objetiva o consciente siembra la semilla en palabra, motivo, pensamiento o acto, y la mente subconsciente nos devuelve más de lo mismo, siempre correspondiendo a lo que imprimimos o sembramos en ella.

En otras palabras, la mente subconsciente no tiene más remedio que seguir las instrucciones que le damos. Por lo tanto, lo importante es que estas instrucciones al *siervo invisible* sean para nuestro bien y no para nuestro mal; que lo llenemos NO de cosas que no queremos (odio, miedo, preocupación), SINO con las cosas que anhelamos y que estamos tratando de alcanzar.

Si usted trabaja duro, y no avanza hacia su ideal, si está en pobreza y miseria a pesar de que constantemente lucha para alejarse de esas condiciones, no está obedeciendo la ley que rige el subconsciente.

Su pensamiento es el culpable: usted está pensando en pobreza; en fracaso; su mente está llena de dudas y temores; está trabajando en contra de la ley, en lugar de con ella; está neutralizando todos sus esfuerzos con su actitud mental equivocada.

Algunos, gracias a su fe inquebrantable y confianza en sí mismos, logran controlar los poderes latentes de su gran interior, e inconscientemente trabajan con la ley que los gobierna.

Cada vez que un hombre o una mujer están haciendo cosas inusuales, luchando heroicamente para lograr un gran propósito, encontrará a alguien que -consciente o inconscientemente- obedece esta ley: hacen demandas tan grandes sobre el subconsciente; y registran sus propósitos de vida con intensidad tan grande, y trabajan tan persistentemente y con tanta confianza para lograrlo, ¡que su propósito se logra indefectiblemente!

Luther Burbank, por ejemplo, ha hecho y está haciendo cosas tremendas en el mundo de las plantas, porque hace enormes peticiones a su poderoso agente interno, su mente subconsciente. No neutraliza esas "órdenes" o peticiones con dudas y temores sobre si lo logrará o no. Pide, da sus órdenes, persistente y enfáticamente -con vigor y determinación-, y estas se ejecutan fielmente. Por los mismos medios, usados consciente o inconscientemente, Madam Curie logró algunos de los descubrimientos más notables en el mundo científico.

Todos podemos lograr nuestros objetivos, lograr nuestra ambición vital, haciendo lo que ellos y todos los otros grandes triunfadores han hecho -trabajar con la ley.

No somos, como nos han enseñado a creer en el pasado, pequeños trozos de mente lanzados separados al espacio para luchar por nosotros mismos; todos somos parte de la mente infinita, de la inteligencia cósmica y la energía del universo. Somos creación de la Mente Suprema, que hizo todas las cosas desde lo invisible, y dado que una creación debe participar de las cualidades del Creador, el ser humano debe participar de las cualidades de omnisciencia y omnipotencia de la Mente Suprema que le dio dominio sobre la tierra y todo lo que contiene.

Esto significa que somos realmente, en lo que se refiere a esta Tierra, colaboradores de Dios, somos co-creadores junto a una gran inteligencia creadora que está activa en todas partes en el universo.

Los logros maravillosos del hombre en los últimos siglos sólo se pueden explicar a través de su cooperación con su Creador. Es el espíritu de Dios en el hombre trabajando en armonía con el espíritu de Dios en la gran inteligencia cósmica del universo, lo que ha hecho posible en el último medio siglo tantos logros en la ciencia, en la invención, en el descubrimiento... todas cosas que nuestros antepasados habrían ridiculizado como "imaginación de locos", si alguien se hubiese atrevido a sugerirlos como posibilidades.

Telegrafía y telefonía sin cables; el automóvil; el avión; el aprovechamiento de la energía eléctrica para hacer el trabajo en nuestras fábricas y hogares; la reconstrucción del cuerpo por grandes cirujanos; los descubrimientos en astronomía; los cables bajo los océanos que conectan los extremos de la tierra; la construcción de ferrocarriles bajo los ríos y calles de nuestras ciudades; los trabajos de los hombres de ciencia en todos los campos; de los grandes científicos de la agricultura, horticultura y los naturalistas; de los grandes criadores de animales que están haciendo en el mundo animal lo que los Burbanks están haciendo en el mundo de las plantas -todas estas cosas son el resultado del ser humano haciendo uso de la gran energía creativa, y en colaboración con la Omnipotencia, moldeándola para sus propósitos.

El dictamen de la ciencia es que "la naturaleza sin ayuda, falla." En otras palabras, el hombre es el socio de trabajo de Dios en esta tierra, su trabajo es elevar todo sobre él, incluyéndose a sí mismo, hasta las más altas posibilidades del plan divino.

Hay un poder en el hombre, *tras la carne*, que, trabajando con la inteligencia cósmica divina, le permitirá hacer cosas que ahora apenas si podemos concebir. Nada que podamos imaginar o soñar será imposible de lograr, porque somos una parte real de la fuerza creadora que hace milagros en todo el universo. Es decir, milagros aparentes, pues todo sigue una ley que nunca puede ser violada, para lograr todo eso que nos parece "milagroso".

En el aceptar las poderosas posibilidades de la mente subconsciente para aprovechar la gran mente universal, radica el secreto del principio de creación infinita, del poder ilimitado. Hay poderes en su mente subconsciente que, despertados y utilizados, le ayudarán a lograr lo que otros le dicen que es "imposible". Su ideal, el deseo de su corazón, por más inalcanzable que parezca ahora, es una profecía de lo que se hará realidad en su vida si usted hace su parte.

*****

Es sólo en nuestros momentos extremos que podemos conocer nuestro verdadero poder, que inconscientemente recurrimos a nuestro *gran interior*.

Hay multitud de personas en el ejército del fracaso, con apenas suficiente energía para mantenerse vivos, que tienen fuerzas dormidas en lo profundo de sí, las cuales, si pudiesen ser despertadas, les permitirían hacer cosas maravillosas.

El gran problema con la mayoría de nosotros, incluso aquellos que han estudiado sobre todo esto, es que nos exigimos tan poco, la llamada a nuestro *gran interior* es tan débil y tan intermitente, que no deja una impresión vital o permanente sobre las energías creativas, pues carece de la fuerza y la persistencia para transmutar los deseos en realidades.

Cuando nos damos cuenta de que es a través de nuestro ser subconsciente, en nuestro *gran interior*, que hacemos la conexión inalámbrica con el TODO-PROVISION, -con toda la alegría y satisfacción posible-; que es aquí donde se inician los grandes procesos creativos que hacen que nuestros sueños se hagan realidad, parece extraño que no utilizamos esta gran fuerza con mayor éxito.

Cuando se cumplen las condiciones necesarias, la ley que rige el subconsciente funciona infaliblemente. Por eso, trabaje CON la ley, en lugar de en su contra, y nada puede impedir su éxito. En otras palabras, deje que su mente subconsciente LE AYUDE, en vez de dañarle.

Provéale con pensamientos correctos, con instrucciones correctas, con ideales correctos para trabajar. Dele ideas de éxito, no de fracaso; pensamientos alegres, pensamientos esperanzadores y brillantes en lugar de sombríos y desalentadores. Nunca piense en cosas que no correspondan con su ideal o ambición no importa en qué condiciones esté o qué obstáculos se interpongan en su camino. Persista en visualizar vívidamente su éxito, sin dejar lugar a dudas o dejar que pensamientos de miedo se interpongan entre usted y la confianza en la creencia de que obtendrá lo que anhela y está trabajando con todo su corazón para lograr. Entonces, se sorprenderá de lo que su fiel secretario, trabajando en armonía con la inteligencia creativa, ¡hará por usted!

Las fuerzas creativas interiores son más activas durante la noche que durante el día, y son especialmente susceptibles a las sugestiones que reciben antes de dormir. Durante el sueño la mente consciente no está activa, y por lo tanto la mente subconsciente funciona ininterrumpidamente, sin ninguna de las objeciones u obstáculos que constantemente enfrenta durante el día. Por lo tanto es de suma importancia que usted de al subconsciente el mensaje correcto, el modelo adecuado sobre el cual trabajar durante la noche. Haga esto antes de dormir y trabajará en el logro de lo que ambiciona -de su deseo-, toda la noche.

Nunca se permita dormirse lleno de dudas o en un estado de ánimo deprimido. Nunca deje que las dudas o el miedo obstaculicen el funcionamiento de la inteligencia creativa. La duda es un gran enemigo, que ha neutralizado los esfuerzos, y destruido el éxito de multitud de personas.

Viva siempre con la conciencia y seguridad de que USTED ES UN ÉXITO en lo que sea que esté tratando de hacer, y los procesos creativos dentro de usted, trabajando fielmente según los planos que usted les proveyó, van a producir lo que sea que usted desee.

12.
Pensando Salud y Prosperidad en sus células

Cada célula en nosotros, piensa.-THOMAS A. EDISON.

Cada célula en el cuerpo es un ser consciente e inteligente. - PROFESOR NELS QUEVLI.

Piense y diga con respecto a sí mismo y a su futuro, sólo lo que desea que se haga realidad.

Como todas las células de su cuerpo constantemente se están renovando, ¿por qué no poner nuevas ideas, nueva vida, en sus células, y no arrastrar con usted todos los viejos esqueletos del pasado?

Las mentes de sus células a lo largo de su cuerpo saben si usted es el amo o no. Saben si usted va por el mundo como vencedor o vencido, como amo o esclavo, y actúan en consecuencia. Ellas devuelven a su vida el reflejo de sus pensamientos, sus motivaciones, sus convicciones. Su condición corresponderá a la actitud mental que reflejan.

Pensar en la entereza, la integridad, la perfección en las células, las fomentará y estimulará. El funcionamiento de todas las células del cuerpo, de los diferentes órganos, disminuye cuando tenemos pensamientos desalentadores y oscuros: todas nuestras facultades mentales se corresponden con nuestra condición física.

Cuando los médicos dijeron a Jane Adams, una joven recién graduada de la universidad, que no viviría más de seis meses, ella dijo: "Está bien, voy a usar esos seis meses para llegar lo más cerca que pueda de la única cosa que quiero hacer por la humanidad ".

¿Qué pasó? Lo firme de la expresión de su voluntad de hacer lo que estaba más cercano a su corazón se registró indeleblemente en las células en todos los confines de su cuerpo, desde el centro de su cerebro hasta la punta de sus dedos, y hacia abajo a las puntas de los pies, y todos comenzaron de inmediato a trabajar por su salud.

Ocho años después de que los médicos le habían dado seis meses de vida, empezó Hull House, el famoso asentamiento de Chicago. Hoy es una figura internacional, líder en las diferentes fases del gran movimiento moderno para mejorar el mundo.

Si en lugar de darles el mensaje positivo de vida y trabajo, Jane Adams hubiese impreso en las células de su cuerpo el pronunciamiento negativo de sus médicos, y les hubiese dicho que morirían en seis meses, ¿qué habría ocurrido? ¡Habría muerto! Las células aceptan una sugerencia tan fácilmente como la otra.

En lugar de ponerse a trabajar para reparar y reconstruir el cuerpo, habrían dejado de trabajar; los diversos órganos y tejidos se habrían desintegrado, y el mundo nunca hubiese oído hablar de Jane Adams y de su gran trabajo.

Cuando tenemos un conocimiento profundo de la potencia que la señorita Adams utilizó inconscientemente cuando echó de su mente la idea de muerte y la reemplazó con pensamientos de vida, podemos construir en la estructura de nuestro cuerpo lo que sea que queramos que expresen.

Si no estamos satisfechos con los cuerpos que tenemos ahora, literalmente podemos construir otros nuevos, pues cada uno de los miles de millones de pequeñas células que componen el cuerpo humano es un ser vivo, una entidad pensante y trabajadora que, al igual que la placa sensible de una cámara, registra en su estructura la imagen de todas las emociones, pensamientos, impresiones, o pasiones que pasan a través de nuestra conciencia.

El autor de ese libro maravillosamente interesante "La Inteligencia de las Células", dice: "La célula es un ser consciente e inteligente, y por ello, planifica y construye todas las plantas y animales de la misma manera como el hombre construye casas, ferrocarriles y otras estructuras."

Es decir, cada célula hace su parte en la construcción del cuerpo, construyendo la vida a lo largo de las líneas que les proponemos, al igual que el maestro de obras, el albañil, el carpintero, y otros trabajadores de la construcción de una casa, siguen los planos del arquitecto.

No sólo eso. Los científicos ahora creen que las células que constituyen los diversos órganos del cuerpo, - el cerebro, el corazón, el hígado, los riñones, los pulmones, etc, - tienen lo que se llama "inteligencia de órganos", y que estas células son susceptibles a la sugestión mental para la salud o la enfermedad de su órgano en particular.

En otras palabras, la pequeña comunidad de las células que forman el corazón piensan y trabajan para el corazón; la comunidad del cerebro trabaja para el cerebro, la comunidad del estómago, para el estómago, y así sucesivamente, y todos juntos hacen un enorme ejército de cuerpecitos trabajadores, respondiendo al instante a cualquier pensamiento que inculquemos o imprimamos en ellos.

Por ejemplo, si existiese cierta tendencia a la enfermedad acechando en cualquier parte de su cuerpo -si su aparato digestivo, corazón, riñones, hígado, o algún otro órgano, no estuviesen funcionando normalmente-, mediante el envío de pensamientos edificantes, alentadores y energizantes; y sugiriendo salud e integridad a las células de la comunidad, —además de vivir correctamente—, se puede neutralizar la tendencia a la enfermedad y llevar el órgano de vuelta a la normalidad.

Las células inteligentes harán exactamente lo que su pensamiento sugiere - trabajarán por salud, y tratarán de eliminar la tendencia a la enfermedad.

Precisamente bajo este mismo principio, la idea opuesta, el pensamiento de enfermedad, de anormalidad, sugerida a estas pequeñas mentes celulares que ya tenían cierta tendencia a la enfermedad o anormalidad, agravará el problema y acelerará el desarrollo de la enfermedad que acecha el sistema.

He oído a un hombre maldecir su estómago y sus órganos digestivos por no digerir su comida adecuadamente. Cada vez que se sienta a la mesa comienza a quejarse de que la comida le hace daño: "No puedo comer esto", dice. "Mi estómago no puede manejarlo; no puedo digerir esto, no puedo digerir aquello... Me dará problemas si trato de comer esto... Me gustaría tener un estómago decente en lugar de este bueno para nada que tengo".

Ahora, ¿cómo puede un hombre inteligente esperar la cooperación de su estómago y sus órganos digestivos cuando está enviando estos pensamientos discordantes a las mentes celulares; cuando constantemente está culpando y maldiciendo esos órganos por no funcionar normalmente, recriminándolos por darle dolor y angustia? ¿Cómo puede esperar que hagan su mejor trabajo y lo sirvan con alegría y eficiencia?

Esos órganos son como los niños o los empleados. Uno no puede razonablemente esperar obtener un servicio eficiente, alegre y dispuesto, de sus hijos o de sus empleados, mediante maldición, regaños, y abuso. Tampoco podrá obtenerlo de sus órganos corporales cuando hace esto.

El estado de su cuerpo refleja sus pensamientos habituales sobre él, su actitud mental general y sus creencias con respecto a sus diferentes órganos.

Cuando usted piensa que su corazón es débil, o que su hígado es lento, que los riñones están enfermos, cuando usted dice, "Estoy enfermo, estoy desanimado, estoy cansado, estoy deprimido, estoy desgastado, no tengo ganas de nada, ¿sabe lo que está haciendo a las pequeñas mentes de sus células a lo largo de su cuerpo?

Las está debilitando y desmoralizando, poniéndoles un sello de pensamientos desanimados y abatidos -y la imagen de debilidad e ineficiencia-, en toda su estructura. Su funcionamiento será en consecuencia, imperfecto.

El pensamiento débil, desanimado, pesimista, o enfermo produce estas condiciones en todas las células del cuerpo, y el cuerpo sufre en proporción a la persistencia de este tipo de pensamientos, que tienden a derribar y destruir los tejidos del cuerpo, y paralizar las funciones vitales.

La base real de todas las formas de curación mental es el hecho de que todas las células del cuerpo están vivas y son inteligentes; que responden a nuestros pensamientos, a nuestra inteligencia, a las sugerencias que les hacemos.

Para el sanador mental hace una gran diferencia saber que en lugar de enviar sus pensamientos a una masa de células muertas, estas no sólo están vivas, sino que son tan sensibles a su actitud mental como lo sería un niño inteligente.

Él sabe que su pensamiento de salud, su pensamiento de mejora, el pensamiento de su integridad y totalidad, la sugerencia de su origen divino, de su poder para edificar el cuerpo, para renovar su fuerza y vigor, envía una corriente de ánimo, de esperanza y de seguridad a través de cada una de ellos, y les permite iniciar su tarea de neutralizar la idea de la enfermedad, y la renovación de la salud y vitalidad del paciente.

Tenga cuidado con los pensamientos que imprime en estas pequeñas mentes celulares de su cuerpo, amigo mío, porque estos se devolverán no sólo en su condición física, sino en todos los aspectos de su vida.

Por ejemplo, cuando piensa en "mala suerte", cuando usted piensa en lo poco afortunado que es, diciéndole esto a todo el mundo, afirmando que el destino está en su contra, y que no importa lo que haga no puede salir adelante, está desalentando las pequeñas mentes de sus células, tal como lo hace cuando piensa en enfermedad y mala salud.

En otras palabras, las paraliza, y en vez de funcionar con normalidad, funcionan de manera anormal, y su salud, sus posibilidades de éxito, su mentalidad, su capacidad para superar los obstáculos en su camino, todo se ve seriamente afectado.

Hay una falla en toda la línea. Sus pensamientos desalentados, pesimistas le han robado de su ánimo y energía, desmagnetizándolo hacia las mismas cosas que está tratando de atraer, - la salud y la prosperidad.

El problema de mantener el vigor físico, salud abundante y la energía magnética que atrae las cosas desde la inteligencia cósmica, se resuelve cuando se aprende cómo mantener en perfecto estado a todas las pequeñas mentes de las células que forman los diferentes tejidos de los órganos del cuerpo; para que estén alerta, felices, alegres, y llenas de esperanza.

Entonces reflejarán el máximo de su pensamiento creativo, el máximo de vigor y robustez, de energía física y mental, ya que es en estos pequeños centros creativos y constructivos donde se nutren nuestro empuje y determinación. Es aquí donde obtenemos nuestra energía, nuestra fuerza motriz, y por lo tanto hay que tener mucho cuidado con lo que susurramos en sus mentes pequeñas, sea aliento o desaliento, esperanza o desesperación, salud o enfermedad, pobreza o prosperidad.

Son, por así decirlo, los pequeños hijos de la mente más grande y son muy susceptibles a lo que piensa la mente más grande, las instrucciones que esta les envía, los diversos impulsos que salen de la estación central del cuerpo -el cerebro.

Si un hombre débil y enfermo quiere ser fuerte y estar bien, tiene que transmitir una imagen fuerte y saludable de sí mismo a esas células que están tratando de repararlo y reconstruirlo. Debe mantener la imagen de sí mismo como le gustaría estar, no como está

Pero en vez de esto muchos enfermos piensan o dicen a sí mismos algo como esto: " ¡Qué enfermo que estoy! ¡Me siento tan débil que me temo que nunca volveré a estar bien, nunca seré capaz de hacer nada en el mundo! Mi ambición sólo se burla de mí y me tortura, porque nunca voy a ser capaz de lograr nada. Creo que ya mi trabajo aquí está concluido. Esta enfermedad me tiene tan aferrado que nunca me va a dejar ir. ¿Por qué es que el Creador permite a los seres humanos sufrir así, torturándolos con la ambición de hacer cosas que no pueden hacer, que no tienen fuerza para hacer? "

La gente parece no darse cuenta que cuando tienen tales pensamientos, y se visualizan débiles, desesperados, y en condición moribunda, están cometiendo suicidio tanto como si se tomaran un frasco de lento veneno. Cada célula en el cuerpo está siendo envenenada e incapacitada por esta errónea forma de pensar.

Si usted imagina los miles de millones de células en su cuerpo como diminutas individualidades, pequeños bailarines que bailan a cualquier melodía que usted les toque, obtendrá una idea de la acción de la mente sobre ellos, que contribuye a elevarlo o deprimirlo. Ellas bailan la danza de la vida o la danza de la muerte, la danza de la enfermedad o la danza de la salud, la danza de la pobreza o la danza de la prosperidad de baile, la danza el amor o la danza del odio, la danza de la felicidad o la danza de la miseria, la danza el éxito o la danza del fracaso. Sólo responden a cualquier melodía de pensamiento que usted les toque.

Muchas personas se convierten en inválidos o semi-inválidos toda la vida por sus melodías de pensamiento deprimentes, sosteniendo la convicción desalentada de que nunca estarán bien, que siempre estarán más o menos indefensos.

¡Si cambiaran sus creencias, su estado físico cambiaría inmediatamente! Esto se ha demostrado una y otra vez por los aparentes milagros obrados por los curanderos mentales, que simplemente cambiaron las tendencias de la mente del paciente, cambiando su pensamiento desde condiciones de enfermedad y anormales, a condiciones sanas y saludables.

Entonces, las pequeñas células comienzan a bailar al ritmo de la nueva melodía, la melodía de la vida, de la integridad, y el cuerpo de inmediato responden con renovada vitalidad y vigor.

Nada hará más por hacer de su vida, de su personalidad, de su entorno lo que usted quiere que sean, que el hábito diario de enviar a las mentes de las células de su cuerpo, pensamientos de lo que usted desea que ellas manifiesten: salud, prosperidad, éxito, felicidad, alegría, buena voluntad, armonía, paz, y el poder y energía divinas.

Usted puede hacer esto cada mañana antes de empezar con su tarea diaria, y a cada momento durante el día en que tenga un poco de tiempo libre.

Lo importante es mantener fuera de la mente todos los pensamientos enemigos. En el momento en que alguno de estos logre entrar, y se le permita permanecer, comienza a derribar y destruir.

Causarán estragos en su eficiencia, su salud y su felicidad. Si algo pasa durante el día que pueda perturbar su equilibrio o su auto-control, si siente crecientes impulsos de ira dentro de usted, cálmese tan pronto como sea posible y retome su auto control, porque no hay nada más perjudicial para todo hombre o mujer que la falta de armonía mental, de cualquier naturaleza.

Usted puede hablar de paz a los miles de millones de células turbulentas, así como Cristo habló paz a las aguas turbulentas del mar.

Cuando usted les toca la tonada de la armonía, ellas responderán. Siempre reflejarán lo que usted les sugiera. Cuando la mente maestra habla, ellas obedecen.

Cambie su pensamiento discordante y cambie el estado de los miles de millones de células -de pequeñas entidades- en su cuerpo. En resumen, lo que usted quiera que su vida exprese, transmítalo con su pensamiento a esas pequeñas entidades, y ¡sucederá! Ellas son sus asociadas, trabajando en equipo con usted.

Piense en cada célula de su cuerpo como si fuera un pequeño empleado suyo, un pequeño productor, una pequeña entidad separada e inteligente, cooperando con la gran inteligencia universal, con el gran propósito cósmico.

Visualice a todo ese conjunto de células como si fuera un ejército de miles soldados amalgamados entre sí por el Poder Supremo y trabajando juntos para hacer de usted una personalidad fuerte, dominante, un hombre o una mujer capaz de conquistar cualquier entorno, dominando cualquier condición desafortunada que los pensamientos incorrectos hubiesen podido manifestar.

Nunca se permita pensar en condiciones de debilidad, en pobreza o condiciones pobres; o en necesidad o limitación de ningún tipo. Usted es un hijo de Dios: piense en consecuencia. Piense en consonancia con su herencia inmortal. Piense en grande, porque usted es grande. Piense generosamente, porque usted fue creado para expresar generosidad. Usted no está hecho para cosas pequeñas, sino para grandeza de vida, usted fue hecho para la vida abundante, no para una vida de carencia, hambre y poco crecimiento.

Las posibilidades de la vida que conlleva el ajustar las mentes de células con pensamientos correctos, va más allá de todo cálculo.

Cada pensamiento de poder, cada pensamiento de salud, cada pensamiento de amor, cada pensamiento de verdad, cada pensamiento de belleza, cada pensamiento de perfección, de plenitud, de vigor de mente y cuerpo, cada pensamiento de Dios, armonizará su mente y su cuerpo con el poder y la perfección del plan creativo de la Mente Divina.

Transmitir pensamientos de salud, de felicidad, de verdad, de poder y perfección, de prosperidad, de éxito, en las pequeñas mentes de las células del cuerpo, será en el futuro, una parte muy importante de la formación de todos los niños.

Sus vidas desde el principio serán entonadas correctamente, y las pequeñas células trabajadoras tendrán las instrucciones correctas, la imagen mental correcta, y construirán salud, prosperidad y éxito, no debilidad, ni pobreza ni fracaso.

El pensar correctamente, haciendo que las células trabajen de la manera correcta, que construyan en lugar de destruir, desterrará de la tierra dos de los mayores obstáculos de la raza humana: la enfermedad y la pobreza.

¿Qué soy?

Yo soy el principio vital de la vida, el mayor de los activos del éxito y la felicidad.

Yo soy aquello que da calidad superior a los seres humanos. Yo le pongo salsa, jengibre y aderezo al esfuerzo humano.

Yo soy la fuente de la energía física y mental. Doy al cuerpo vigor y resistencia, la energía vital del cerebro y la originalidad.

Soy el mejor amigo -amigo de los que están arriba y de los humildes, de ricos y pobres por igual, pero, sea rey o mendigo, quien viola mis leyes debe pagar la pena.

A menudo soy buscado, en vano, por el hombre que anda en su limusina, pero en general me encuentro en compañía del hombre que camina hacia su trabajo y hace mucho ejercicio.

Yo soy el gran multiplicador de la capacidad, el contrafuerte de la iniciativa, del coraje, de la confianza en sí mismo, la columna vertebral del entusiasmo, sin los cuales nunca se ha logrado nada de valor.

Soy el más grande poder constructivo en la vida del hombre.

Sin mí, su fe se debilita, su ambición decae, su ardor se escurre, su valor desmaya, la confianza en sí mismo se va, su logro es nulo. Sin mí la riqueza es una burla y una casa palaciega no es más que una amarga decepción.

Junto a la vida misma, yo soy el más grande regalo que Dios ha dado al hombre, el millonario que me ha perdido tratando de acumular su fortuna daría todos sus millones para hacerme regresar.

Soy quien da dinamismo a la vida, la que da magnetismo, alegría, fuerza, que ayuda a poner de manifiesto el ingenio e inventiva, la que aumenta la eficiencia al máximo y permite aprovechar al máximo las capacidades del ser humano.

Aumento cada uno de sus cuarenta o cincuenta facultades mentales cien veces. Soy el líder de todas ellas. Cuando estoy presente ellas están en su mejor momento, cuando me ausento, se reducen, y están en su peor momento.

Soy el amigo del progreso, el estimulador de la ambición, el animador del esfuerzo, soy esencial para la eficacia, el éxito, soy el promotor de larga vida y felicidad.

Soy portador de alegría. Donde voy, también llega el buen humor. Cuando no estoy, la depresión, el desaliento, la "tristeza", están presentes. Mi ausencia significa la disminución de poderes y a menudo, ambiciones frustradas, esperanzas arruinadas, mediocridad, fracaso, una vida más corta.

El hombre sabio me cuida como a la niña de sus ojos, y el tonto a menudo abusa de mí y me pierde por ignorancia, indiferencia o negligencia.

YO SOY ¡LA BUENA SALUD!

13.
Cómo desarrollar la Buena Suerte

Crea con todo su corazón que sí puede, y podrá hacer lo que sea que fue llamado a hacer.

El hombre con "suerte" nunca espera algo para ascender.

"La suerte es la capacidad de reconocer una oportunidad y aprovecharla". Para hacerse alguien "con suerte", elija la vocación para la cual la naturaleza le preparó, y luego entregue su vida en ella. ¡Esté un 100% allí!

La autoconfianza y el trabajo son los amigos de la buena suerte. La Buena suerte sigue al sentido común, al buen juicio, a la buena salud, a una determinación valiente, a una ambición noble y al trabajo duro. Sigue a la persona que cultiva tacto, cortesía, valor, confianza en sí mismo, fuerza de voluntad, optimismo, salud y buena voluntad hacia todos los demás.

Un corredor de bolsa de NUEVA YORK se suicidó hace poco, porque pensó que la suerte, que había sido un factor dominante en el credo de su vida, lo había abandonado. Tenía tanta fe en ese fetiche, "la suerte", que, cuando enfrentó una serie de pérdidas en Wall Street, creyó que no tenía caso luchar contra su destino. La suerte le había dado la espalda, declaró, y no tenía nada más que vivir. Las últimas palabras a su esposa fueron: "Buena suerte."

Más de un hombre, aunque quizá no lleguen tan lejos como el corredor de Wall Street, se ve limitado por esta creencia supersticiosa en la buena o mala suerte.

Está convencido de que hay alguna suerte o destino, algo más allá de su control, que determina la magnitud de su logro, y que si este misterioso poder está en su contra, fracasará; pero si le ayuda, tendrá éxito. Nada es tan fatal para el logro como creer en un destino ciego, en la falacia de que un efecto puede lograrse sin una causa suficiente.

Sin embargo, el número de personas perfectamente capaces, que se quedan esperando a que la suerte resuelva sus problemas, a que ese algo indefinible y misterioso –eso que a unos ayuda y a otros detiene, a pesar de sus propios esfuerzos- les pegue un "empujón".

Pero es lo mismo esperar a que la suerte resuelva complejos problemas matemáticos, a esperar que resuelva cualquiera de sus problemas en la vida.

El hombre es dueño de su propio destino. La facultad de resolver sus problemas está dentro de él. Él crea el destino que lo eleva o lo mantiene abajo. La vida no es un juego de azar.

El Creador no nos puso aquí para ser un juguete de las circunstancias, títeres para ser manipulados por un destino cruel que no podemos controlar. Él ha dado al hombre libre albedrío, una mente sin limitaciones.

"El hombre crea su destino según lo que haya en su mente,

Al que es débil, el bajo espíritu de la "Suerte" lo hace su esclavo,

Pero ella es la esclava del valiente cuando éste le da órdenes.

Si el "Destino" teje un hilo común, cambiaré ese destino

Y con un nuevo tejido púrpura, haré algo más noble ".

"¿Por qué te abates, oh alma mía?"

Dentro de usted, mi buen amigo, hay un "algo" que es muy superior a cualquier cosa que pueda intentar derribarle. Usted ha heredado del Padre Divino un poder que es infinitamente superior a cualquier defecto o deficiencia que puede pensar que ha heredado de sus padres terrenales; o a cualquier limitación en su entorno. Hay algo de la omnipotencia en usted, porque usted es hijo de la Omnipotencia, heredero de las cualidades de su Creador.

No importa lo que le pase, recuerde que hay en usted algo más grande que cualquier "destino"; algo que puede burlarse de cualquier "destino cruel", porque usted ES su propia "suerte", su propio destino. Hay un Dios adentro suyo, amigo mío. ¡Afirme su divinidad! Todo lo que tiene que hacer es conectarse a la Mente Eterna -la gran energía cósmica-, y todo el poder es suyo. Usted está en la fuente, en el origen mismo del TODO-PROVISIÓN.

La suerte es la capacidad de reconocer una oportunidad y aprovecharla", dice Beatrice Fairfax, y si aceptamos la definición debemos admitir que no hay tal cosa como "la suerte".

Tal vez usted ha oído hablar del joven que resultó ser el único médico presente en una multitud que estaba alrededor del carruaje del rey cuando este sufrió un ataque en una calle de Londres. El médico se abrió paso entre la multitud y dijo que podía aliviar al rey mediante una "sangría". El rey revivió y este incidente fue un gran escalón en la maravillosa carrera de Ambrosio Paré.

A veces sucede que en un accidente de ferrocarril o alguna otra gran catástrofe, un hombre desconocido salta a la fama por algún hecho simple que miles de personas podrían haber hecho igual.

Pero la capacidad de aprovechar la oportunidad y hacer lo que se necesita con rapidez y precisión, se debe al cultivo de la iniciativa propia, al desarrollo diario de celeridad y precisión en la atención de asuntos de negocios.

Lo que usted, amigo mío, llama ahora "mala suerte", puede ser el resultado de alguna debilidad, de algún mal hábito, que está frustrando sus esfuerzos y alejándolo de la prosperidad que desea.

Usted puede tener "peculiaridades", rasgos objetables, que se convierten en barrotes a su progreso, piedras de tropiezo en su camino. Su mala suerte puede ser la falta de preparación, o una educación deficiente, o insuficiente capacitación para su trabajo especial. Puede que la fundación de su vida sea demasiado pequeña para sostener la estructura de una vida respetable.

O bien, su mala suerte puede ser indolencia, amor a la comodidad y el placer, el deseo de "pasarla bien" antes que cualquier cosa, y sin importar lo que pase.

La Buena Suerte es todo lo contrario de esto. Cada hombre exitoso sabe que la buena suerte sigue a la voluntad fuerte, al esfuerzo sincero y perseverante, al buen trabajo, a una preparación minuciosa, a la ambición de superación y a los propósitos serios.

La persona con "suerte" es aquella que ha pensado más y que ha trabajado más duro, que su vecino que tiene "mala suerte". Es más práctica, su vida ha sido gobernada por el orden y el sistema.

La suerte, como la oportunidad, viene a aquellos que trabajan para lograrla y están preparados para recibirla.

Hacer el mejor uso posible de su tiempo, esto es lo que le hará "suertudo" o "afortunado". Si se siente limitado por la falta de una educación, puede obtener un equivalente razonable de una educación universitaria, no importa lo ocupada que puede ser su vida. Lea y estudie en sus ratos libres. Multitud de hombres y mujeres se educan a sí mismos de esta manera todos los días, y están ascendiendo en el mundo a pesar de miles de obstáculos e impedimentos que uno ni se imagina.

Si debemos examinar las carreras de la mayoría de las personas de las que decimos que tienen "suerte" ", encontraríamos que su éxito tiene sus raíces en su juventud, y que se ha nutrido de las muchas batallas en la lucha para vencer la pobreza y la oposición.

Nos encontraríamos con que el que tiene "suerte" no cree en la suerte, sino en sí mismo; y que nunca ha esperado a que las cosas "mejoren", o que "la suerte llegue". Sólo se ha ido a trabajar y a darle vuelta a las cosas, haciendo que "la suerte" aparezca en su camino.

Mi experiencia es que aquellos que están hechos del "material del ganador" no hablan de "mala suerte" o del "destino cruel", ni hablan de que "los demás los detienen y no los dejan avanzar".

Si alguien tiene esta "levadura" en él, se levantará; nada lo puede detener. Una determinación clara atraerá más suerte que casi cualquier otra cosa que yo sepa.

Por lo general, el perezoso, el indolente, el bueno-para-nada que solo ama los placeres, el débil... Esos son los más firmes creyentes en la "suerte". El mero hecho de que alguien siempre hable de su "mala suerte", atribuyendo su falta de éxito o sus fracasos a los demás o las "circunstancias desafortunadas", es una admisión de su debilidad. Demuestra que no ha desarrollado independencia o fuerza de voluntad, la fibra mental que supera los obstáculos.

Es fundamental formar el hábito de pensar en sí mismo como "suertero"; afortunado; de verse siempre a sí mismo como le gustaría ser, y no como alguien ineficiente que siempre va dando tumbos.

Hable de sí mismo y de las cosas como quisiera que fuesen. De lo contrario, alejará lo que anhela y atraerá lo que quiere alejar.

Un empresario a quien conozco desde hace algunos años se ha formado lo que podría llamarse "el hábito de mala suerte." Si invierte en algo, dirá: "Por supuesto, estoy seguro que perderé. Esa es mi suerte Cuando compro el mercado siempre empieza a caer. Las cosas buenas se van volando cuando compro...."

Él siempre piensa que va a obtener la peor parte en todo lo que emprende. Si empieza algo nuevo en su negocio, de inmediato comienza a hablar con pesimismo al respecto. "No va a funcionar, tengo la sensación de que no voy a ganar", declara.

Él siempre está hablando "mala suerte", la predicción de que las cosas van a ir mal, y que "tendrá que empeorar antes de que pueda mejorar." Este hombre ya no tiene tanto dinero como tenía hace algunos años, y sus derrotas han sido consecuencia, en gran medida de su agria actitud mental, de su falta de confianza en su juicio, de siempre anticipar pérdidas y que todo vaya mal, y de su creencia en un destino cruel.

Hay multitudes de personas trabajadoras que continuamente se alejan precisamente de lo que están tratando de conseguir, porque no tienen la actitud mental correcta.

Les falta el optimismo, la fe y la confianza en sí mismo que tiene el entusiasta -todos los amigos de la buena suerte.

Si usted persiste en verse y actuar como un fracaso o como un éxito muy mediocre o dudoso; si sigue diciéndole a todos que tiene "mala suerte", y que no cree que va a ganar, porque el éxito es sólo para unos pocos favorecidos, los que tienen "contactos", alguien que les dé un "empujón", usted tendrá tanto éxito como el actor que intenta interpretar un personaje, viéndose, pensando y actuando exactamente como lo contrario.

Nuestros pensamientos y palabras son fuerzas reales que construyen o derriban. Quién sólo ve fracaso no puede ser un ganador. Pero el que sólo ve victoria, el que no reconoce la posibilidad de la derrota, ¡es quien gana!

Aquel que trata de justificar su fracaso basado en que "estaba condenado" desde el principio porque el destino le repartió una "mala mano"; que tuvo que jugar con esas "malas cartas", y que ningún esfuerzo de su parte podría haber alterado sustancialmente los resultados, se engaña a sí mismo.

Conozco a un hombre que, cada vez que pierde un tren, dice: "¡Yo sabía que no lo iba a poder tomar! ¡Lo perdí por mi mala suerte! ¡Seguro nací tarde!" Si comete un error o una equivocación desafortunada, dirá: "Yo tengo mala suerte en todo. Debí haber sabido que iba a salir mal. Si comprara monedas de oro hoy, ¡mañana no valdrían ni la mitad!".

Ahora, amigo mío, si usted habla despectivamente de sí mismo, si se deprecia a sí mismo, se está auto-degradando. El sugerir constantemente su inferioridad, sus defectos o debilidades, va a interferir con su éxito en cualquier cosa. No se puede tener suerte, no se puede tener éxito, si todo el tiempo habla en contra de sí mismo: ¡esto va a minar su confianza y su eficiencia!

Mantenga una buena opinión de sí mismo. Piense muy bien de sí mismo. Aprenda a apreciar su capacidad y a respetarse a sí mismo -no egoístamente o desde un punto de vista egoísta-, sino porque usted aprecia esa maravillosa herencia de cualidades divinas.

Recuerde que cada vez que hable con desaprobación de sí mismo, no importa si realmente no lo cree, si lo hace para causar "efecto", es decir, para decirle a otros de su mala suerte, admitiendo que no puede llevarse bien con otros como lo hacen los demás; o que no se puede ganar dinero y ahorrarlo porque usted no tiene ningún "sentido del dinero"; está disminuyendo su estimación de sí mismo, su ideal de sí mismo, y este es el modelo por el cual se construirá su vida.

Hay un escultor dentro de usted, que está esculpiendo según el diseño que usted le está mostrando; y si usted le está mostrando un diseño defectuoso, débil, deficiente, empequeñecido, esto es lo que se esculpirá en la estructura misma de su ser.

Lo que usted piense de sí mismo es lo que vendrá a usted; lo que usted crea sobre sí mismo, sobre su capacidad, su futuro, tenderá a venir a usted. Lo que usted espera de sí mismo en este instante, es lo que se está esculpiendo en la textura de su ser.

Siempre piense de sí mismo como alguien afortunado. Nunca se permita pensar de ninguna otra manera. Dígase: "Yo soy "la buena suerte". Soy afortunado, porque soy parte de la divinidad, y ésta nunca puede fracasar. Participo de la omnipotencia, porque soy un hijo de la Omnipotencia, socio del Todopoderoso. Mi naturaleza suprema es tener suerte. Fui creado para tener suerte. Nací para ganar. Yo soy hijo del Rey de reyes. Una herencia principesca vendrá a mí, y debo comportarme con el respeto hacia mí mismo y hacia mi capacidad que se esperaría de un príncipe del Altísimo".

Constantemente medite sobre lo maravilloso que es tener esa herencia, sea consciente de que realmente usted es un dios "en proceso", que usted lleva una divinidad por dentro que nunca se puede perder; una omnipotencia que puede triunfar sobre cualquier obstáculo, no importa de dónde surja.

Aprenda a reforzar, refrescar y revitalizar su ser conectándose con la gran inteligencia cósmica a través de la mente subconsciente, escapándose al silencio para entrar comunión con el Todo-Bondad.

No abrigue pensamientos de miedo, pensamientos de preocupación, pensamientos de celos, envidia u odio, pensamientos egoístas. Estos le roban su tranquilidad, poder, fuerza y vitalidad; le roban el equilibrio y su comodidad. Usted no permitiría que un ladrón deambule por su casa para robar. ¿Por qué permitir que estos pensamientos enemigos vaguen por su mente sin protestar?

Un ideal empequeñecido significa una mente empequeñecida, un futuro y una carrera empequeñecidos. Su convicción y sus creencias sobre sí mismo, su futuro y su capacidad, se reflejarán en su carrera. Alguien dijo: "Atrévase a enviar hacia la gran mente cósmica una mayor seguridad sobre sí mismo; atrévase a tener una mayor confianza, atrévase a creer en sí mismo y en su misión. Tenga un ideal más grande, una aspiración más noble.".

Tenga fe en lo que está tratando de hacer o tratando de conseguir. Su esperanza, su confianza, su expectativa, son factores poderosos en el logro de sus ambiciones, pues son como grandes reflectores que apuntan hacia el horizonte, y divisan desde lejos la oportunidad. Nada puede derrotarlo ni robarle su éxito, salvo usted mismo. Ninguna condición, no importa cuán inhóspita, puede hundirlo o frustrar su objetivo de vida -si tiene un objetivo de vida.

Sólo su propia debilidad puede hacer eso; su falta de energía y determinación, su falta de columna vertebral, su falta de confianza en sí mismo. Nada en el mundo puede hacer de usted un "cero a la izquierda sin importancia": ningún percance, ninguna condición, ni el entorno, nada excepto usted puede hacer eso. Usted puede ser un don nadie si quiere, o un "alguien", si quiere. Depende de usted.

Usted puede hacer de su vida un éxito, puede lograr que su influencia siga viva por los siglos, o puede irse a la tumba como un don nadie inútil, sin haber creado ni una pequeña ola en la corriente de la vida de su época. Su suerte, buena o mala, depende de usted.

Pensar en su "desgracia", o en la mala suerte de no estar tan bien ubicado o "acomodado" como otros, es fatal para el éxito y la felicidad. Recuerde que nosotros debemos navegar en la dirección que tenemos de frente, y esta dirección la determina nuestra forma de pensar, nuestra forma de hablar, nuestra forma de actuar. Somos como veletas que se mueven con la dirección del viento, y nos movemos hacia uno y otro lado según lo que pensamos.

Nuestros pensamientos, nuestras emociones, nuestros sentimientos son como el viento que gira la veleta. No conozco nada que tenga mayor influencia en la vida que el hábito de pensar en uno mismo como afortunado, de verse como extremadamente afortunado por haber nacido donde nació; por haber nacido con la inclinación hacia cierto trabajo o talento particular; de verse como afortunado por lo que uno ambiciona y por las oportunidades que nos da la vida para cumplirlo. Estamos empezando a aprender que somos hechos, formados y moldeados por nuestros pensamientos, que son fuerzas tan reales como la fuerza de la electricidad.

Nuestro pensamiento nos está dando forma constantemente, para que nuestra imagen se corresponda con este pensamiento.

Nosotros somos nuestros propios arquitectos, nuestros propios escultores. Siempre estamos remodelándonos, re-formándonos, para adaptarnos a nuestros pensamientos y emociones, a nuestros motivos, a nuestra actitud general hacia la vida.

Si pensamos que siempre tenemos "suerte", quizá no todo el tiempo seamos extraordinarios ejemplos de buena suerte, pero siempre estaremos felices, sonrientes y contentos, creyendo seguros que siempre nos llegará lo mejor que podemos obtener.

LUGARES DÓNDE SE HA ENCONTRADO 'LA BUENA SUERTE'

En el ahorro y la previsión.

En la preparación a fondo para el trabajo de la vida.

En el estado de alerta mental.

En el estar siempre dispuesto a echar una mano donde y cuando se necesita de nuestra ayuda.

En el tener tacto y saber relacionarnos.

En el sostener nuestro ideal de eficiencia y de nuestra capacidad.

En el trabajo duro constante.

En el estar listo para la oportunidad cuando esta llega.

En la cortesía, amabilidad y consideración hacia todos.

En el "ayudarse a sí mismo" en lugar de siempre mirar hacia los demás para ayudas, capital, o favores de cualquier tipo.

En el hacer el trabajo un poco mejor que lo que otros hicieron el suyo; y en el no estar satisfecho con nada que no sea lo mejor de uno, no aceptando hacer trabajos chapuceros o mediocres.

En el llevar siempre material de lectura en el bolsillo, y así, poder usar el tiempo libre mientras se espera el tren o a alguien que se retrasó para una cita, en leer acerca de cómo mejorar.

En el estar alegres, no importa cuán oscuro el panorama.

En el tratar de hacer el bien en todas las formas posibles, y nunca aprovecharse de los demás.

En iniciar aquello que algo "dentro" nos dice que podemos, ¡y debemos! hacer, sin importar los obstáculos que surjan en el camino; en el obedecer los buenos impulsos sin demora, antes de que se cansen y "dejen de insistir".

En el no dejarse creer que uno nació para ser pobre, un fracaso, una especie de hombre o mujer mediocre.

En el llevar la actitud victoriosa en todo, viéndose y hablando como un ganador, e irradiando la confianza de un ganador.

En el creer que las cosas buenas del mundo no se hicieron para unos pocos favorecidos, sino para todos los hijos de Dios.

En el sustituir con objetivos claros y perseverancia, cualquier ventaja que otro haya disfrutado por su nacimiento.

En la creencia de que la mejor parte de nuestro salario no es el cheque de pago, sino la oportunidad de hacer bien cada fragmento de trabajo que pasa a través de nuestras manos.

En la oportunidad de absorber los secretos de nuestro empleador; de aprender mientras nos pagan lo que él tuvo que aprender pagando caro, tal vez, después de fracasos y gastos de dinero y tiempo, y, posiblemente, acortando su vida en el proceso.

En el mantener los ojos y los oídos abiertos y la boca cerrada la mayor parte del tiempo.

En la indomable perseverancia, en una determinación que nunca se da por vencida ni retrocede; en seguir siempre adelante no importa si se puede ver la meta o no.

En la actitud correcta hacia la vida, hacia el trabajo de uno, hacia todo y hacia todos.

En el elegir nuestras "compañías", asociándonos únicamente con personas que están haciendo todo lo posible para seguir adelante y levantarse en el mundo.

En el estar conscientes de nuestra asociación con el Todo-bondad, Todo-Provisión, la Mente Infinita.

En el aprender, a través de la química mental, a neutralizar las cosas que matan nuestros mejores esfuerzos -miedo, ansiedad, preocupación, celos, envidia, maldad, susceptibilidad, ira-, para así tener la mente libre ¡para las cosas grandes!

14.
Fe en uno mismo y Prosperidad

La fe abre la puerta al poder.

Son los hombres y mujeres con una fe estupenda, una confianza colosal en sí mismos, quienes hacen las grandes obras y logran lo "imposible".

No importa cuál sea su necesidad, póngala en manos de la fe. No pregunte cómo, ni por qué, ni cuándo. Simplemente haga su mejor esfuerzo, y tenga fe, que este es el gran hacedor de milagros de todos los tiempos.

La fe abre la puerta, ve el camino. Es una sensación del alma, una visión espiritual que se asoma más allá de la visión de los ojos físicos y ve la realidad mucho antes de que tome forma material.

Un hombre de un solo talento, pero con una fe irresistible en sí mismo, a menudo logra infinitamente más que un hombre con diez talentos que no cree en el mismo.

La fe aumenta la confianza, lleva a la convicción, multiplica la capacidad. No se queda pensando ni trata de adivinar. No se desalienta ni se ciega por las montañas de dificultades, ya que ve a través de ellas —ve la meta que está más allá.

Hay un tremendo poder creativo en la convicción de que podemos hacer una cosa.

Usted puede tener éxito aunque otros no creen en usted; incluso aunque todo el mundo le denuncie; ¡pero nunca cuando no cree en sí mismo!

Una fe colosal en sí mismo, una confianza sublime en sí mismo que nunca vaciló ante ninguna situación, fue el gran secreto del éxito de Theodore Roosevelt, porque él creía en Roosevelt, como Napoleón creía en Napoleón. No había nada retraído o tímido en él. Enfrentó todo aquello a lo que se comprometió con esa seguridad gigantesca, esa tremenda confianza, esa fe de todo corazón en su poder para hacerlo, que hizo que la mitad de la batalla estuviese ganada antes de comenzar.

Sin ninguna pretensión de genio, como él mismo dijo, con sólo las cualidades del individuo común y corriente, y aplicándose en forma intensiva, desarrolló todos los poderes de su mente y cuerpo y sobresalió cabeza y hombros por encima del promedio.

"De acuerdo con tu fe será hecho en ti," es una verdad tan científica en el mundo de los negocios como cualquier otra verdad demostrada por la ciencia.

Ya sea que su ambición sea construir un gran negocio, acumular una fortuna, ganar poder e influencia política, hacer un gran nombre en la ciencia, en la política, en el periodismo, o en cualquier campo al cual se sienta inclinado, una magnífica fe en usted mismo es el precio imperativo.

La mayoría, en el gran ejército de los que no surgen, fracasan porque no tienen fe en sí mismos. Dudan de su capacidad para que les vaya bien; no creen lo suficiente en sí mismos, sino que creen demasiado en las circunstancias y en el 'necesitar ayuda de otros'.

Esperan por "suerte", esperan capital externo, esperan un "empujón", esperan la ayuda de "influencias", contactos, alguien o algo externo que les ayude. Dependen demasiado de todo lo demás salvo de sí mismos. Y ahora están en el gran ejército de los fracasados porque no están dispuestos a pagar el precio de lo que quieren, o no tienen valor para intentarlo de nuevo.

Carecen de aquello que da la fe: la perseverancia de un bulldog, tenacidad, determinación.

La confianza en sí mismo ha sido siempre el mejor sustituto para "los amigos", el pedigrí, la influencia y el dinero. Es el mejor capital en el mundo. Ha dominado más obstáculos, superado más dificultades, y completado más empresas que cualquier otra cualidad humana. Ha creado más millonarios que cualquier otra fuerza o cualidad humana.

Fue la ambición del éxito, respaldado por el espíritu de autoconfianza de "puedo y lo haré" que permitió a un niño pobre, después de repetidos y desalentadores fracasos, dar a Nueva York su más hermosa estructura de negocios- el Edificio Woolworth. Los arquitectos extranjeros la han pronunciado como una de las más bellas del mundo; "un sueño esculpido en piedra."

El hombre que le dio vida fue Frank W. Woolworth. Nacido en una pequeña granja en el estado de Nueva York, este hombre no tenía más patrimonio que un cuerpo sano y esa perseverancia y autosuficiencia nata que han llevado a tantos a cumplir sus metas.

Comenzó su carrera en una pequeña tienda de comestibles, en la esquina de un hangar de carga, propiedad del jefe de estación en Great Bend, Nueva York. Se desempeñó como empleado de la tienda y ayudante de estación sin goce de sueldo. Su primer sueldo en una tienda más grande fue de $3.50 por semana.

A pesar de su persistencia en trabajar duro por durante años, la decepción y los fracasos fueron los únicos resultados visibles de sus esfuerzos. Pero a pesar de la mala suerte y la pobreza desesperada, allí se sostuvo hasta que la fortuna le sonrió, y entonces comenzó a establecer las tiendas Woolworth de "todo por cinco y diez centavos". El resultado fue que, antes de su muerte hace unos años, tenía más de mil tiendas, un capital de $65 millones*, y daba empleo a miles de personas. *(N.T. Estas cifras deben multiplicarse por 25 para obtener dólares de hoy. $65 millones, son unos $1600 millones de hoy)*

También había erigido el gran edificio Woolworth, pero ante todo, había construido un personaje viril y amable. Dejó un ejemplo de éxito honesto, arrancado a las condiciones más duras, que será una inspiración para todos los jóvenes que tienen la ambición de elevarse desde la pobreza al poder, mientras que al mismo tiempo hacen un gran servicio al mundo.

Henry Ford es otro que se inició en la vida sin más que el poder del cerebro y la creencia en su capacidad para hacer lo que quería hacer. Después de muchos altibajos, trabajando primero en su juventud en su granja, cerca de Detroit, luego como maquinista, y como ingeniero jefe de la Edison Illuminating Company, siempre perseverando en su tiempo libre, desarrollando el invento en que comenzó a trabajar desde niño, el tractor agrícola, a sus más de cuarenta años aún no había conocido el éxito.

En efecto, a sus cuarenta, aquellos que no podían evaluar su carácter, su voluntad indomable, su fe en sí mismo y su poder para exprimir la victoria de la derrota, lo consideraban un fracaso.

Pero incluso entonces ya estaba tratando de organizar la Ford Motor Company y comenzando el camino hacia el éxito fenomenal que ha hecho su nombre conocido en todo el mundo.

A sus cincuenta y ocho años, el Sr. Ford, es muchas veces millonario, es la cabeza de un ejército de más de 80.000 trabajadores de la industria, además de muchos otros indirectamente identificados con sus intereses. Es dueño de treinta y cinco plantas manufactureras en los Estados Unidos; la mayor de ellas, en Highland Park, Detroit, dónde emplea a 40.000 personas en la fabricación de autos Ford, mientras que la planta del río Rouge, a nueve millas de Detroit, produce piezas de automóviles y tractores.

Tiene una planta de tractores de $5.000.000 en Cork, Irlanda; y plantas de montaje en Cádiz, Copenhague, Burdeos y Manchester, Inglaterra, y dos en América del Sur.

Además de todo esto, el Sr. Ford es propietario de The Dearborn Independent, una publicación semanal; el ferrocarril de Detroit, Toledo y Ironton, y una finca de 5.000 hectáreas, al oeste de Detroit, cuya producción de alimentos se vende a los empleados de las fábricas de Ford a precio de costo.

Pero este gigante industrial no está satisfecho de parar aquí. Sus actividades benéficas van de la mano con sus logros industriales. Su hospital de $ 5,000,000 en Detroit, y su escuela para niños, donde pueden "aprender mientras ganan", son ejemplos de lo que está haciendo en este sentido.

Son las personas de este tipo, los que tienen un cien por ciento de fe, los que matan sus dudas, estrangulan sus miedos, se levantan cada vez que se caen y empujan hacia adelante sin importar los obstáculos, los que ganan en la vida.

Mientras que usted viva en una atmósfera saturada con pensamientos de fracaso usted no puede hacer lo más grande que es posible para usted, porque no puede tener un cien por ciento de fe, y, recuerde que sus logros, su éxito, dependerán del porcentaje de fe en usted mismo y en lo que está tratando de hacer.

Una gran parte de los que fracasan en la vida, o que sólo alcanzan posiciones mediocres, se detienen a sí mismos por la auto-depreciación, por la falta de fe en sus propias fuerzas, por la sugestión de su propia inferioridad. ¡Nada más perjudicial para el éxito que este tipo de actitud mental! Acaba con la resistencia hasta de un Napoleón.

En el instante en que reconoce que es incapaz de hacer lo que intenta hacer, o que cualquier cosa puede bloquear el camino a las metas que ambiciona de forma permanente, usted habrá creado una barrera para su éxito que ninguna cantidad de trabajo duro puede remover. **Él que piensa que puede, puede; o querer es poder: esta es una verdad en toda situación de la vida.**

Cuando alguien le preguntó al Almirante Farragut si estaba preparado para la derrota, él dijo: "Ciertamente no. Cualquier hombre que está preparado para la derrota está medio derrotado antes de comenzar."

Hace una gran diferencia si usted entra en algo para vencer, con los dientes apretados y con voluntad decidida, preparado desde el principio para hacer su fortuna, para tener éxito en su negocio o profesión, para ejecutar lo que ha establecido en su corazón; a si usted comienza con la idea de que comenzará, trabajará poco a poco, y continuará sólo si no encuentra muchos obstáculos, y pensando que si las cosas no salen del todo bien, en todo caso, siempre podrá devolverse...

Entrar a algo determinado a vencer, sentir esa seguridad, esa sensación interna de poder que lo hace a uno el amo de la situación, es la mitad de la batalla, mientras que, por otro lado, estar preparado para la derrota, anticiparla, es, como dijo el almirante Farragut, estar medio derrotado antes de comenzar.

Debe quemar todos los puentes tras de sí, sin dejar la tentación de replegarse cuando las cosas se vean negras frente a usted.

Los hombres que crearon grandes industrias en Estados Unidos e hicieron enormes fortunas -los Peabody, los Astor, los Gould, los Vanderbilt, los Morgan, los Rockefeller, los Carnegie, los Schwab, los Hill, los Ford, los Marshall Field, los Wanamaker, -todos aquellos que han hecho y están haciendo grandes cosas en el mundo - no sólo tenía la fe que hace lo "imposible", sino que también fueron exigentes entrenadores de sí mismos.

Ellos no se manejaron con guantes de seda, sino que se sometieron a una severa disciplina. No se permitieron perder el tiempo o andar lento, sino que se prohibieron la pereza, la indiferencia, la vacilación. Fijaron sus ojos en la meta y sacrificaron todo lo que interfiriese con su ambición, todo lo que se interpusiese en el camino del éxito más grande. Ellos saben que aquel que está enamorado de su cómodo sillón, el que piensa demasiado en su comodidad y facilidad, en sus buenos momentos con sus compañeros en las noches, el que piensa demasiado de los placeres sensoriales, nunca llegará a ninguna parte.

No hay manera posible de derrotar a un ser humano que está organizado para salir victorioso. Si él tiene la fe que mueve montañas, si tiene el ingrediente ganador en él, ganará, sin importar lo que se interponga en el camino.

No hay forma de mantenerlo "abajo", ya que, además de su fe inquebrantable en sí mismo, está dispuesto a pagar hasta el último céntimo del precio que incluso los hombres más dotados deben pagar por el éxito.

Nada se le niega a uno que está dispuesto a pagar el precio por ello. Sólo su propia inercia, su propia falta de fe en sí mismo, su propia falta de empuje y determinación, puede frustrar sus ambiciones. Sus anhelos son las pruebas de que estos se pueden respaldar con realidades.

La fe convierte obstáculos en luz, pues aumenta la capacidad y multiplica el poder. Juana de Arco se multiplicó a sí misma diez mil veces por su fe; multiplicó su capacidad un millón de veces por su convicción de que Dios le había ordenado restaurar el trono de Francia y expulsar al enemigo de su tierra. Ella estaba dispuesta a hacer cualquier sacrificio para salvar a su país, y cada sacrificio que hizo, cada obstáculo que superó, la hizo más fuerte para llevar a cabo la gran tarea que había emprendido.

*****

Ahora, *sin trabajo, sabemos que la fe es en vano.* Todo depende del "esfuerzo" con que la respaldamos.

El poder real se gana luchando por superar los obstáculos. Es el esfuerzo del cerebro y el músculo usado en el hacer, en el trabajo duro, en el pensamiento vigoroso y en la planificación que hacen a fuerte al individuo, a aquel que alcanza la meta de su ambición.

Fue este eterno esfuerzo, añadido a su indomable confianza en sí mismo, que hizo de Alfred Harmsworth, ahora Lord Northcliffe, uno de los hombres más ricos de Inglaterra, y uno de los editores más exitosos del mundo. En una entrevista dijo: "Siento que todas las posiciones que he alcanzado se deben a que enfocado mi energía y mi tiempo. Cuando entré en el periodismo me hice a la idea que iba a dominar el negocio de la edición y publicación. Esta es una gran especialidad, pero entonces yo era muy joven y tenía una buena dosis de confianza en mí mismo."

Esta confianza en sí mismo era una de sus características más notables, incluso desde niño. Cuando tenía sólo quince años, mientras asistía a una escuela de gramática inglesa, comenzó un pequeño periódico escolar en el que dijo: "Sé de buena fuente que este periódico será un notable éxito."

Y un notable éxito demostró ser, al igual que todas las empresas en las que puso sus manos este esforzado periodista con mucha auto-confianza.

A sus veintiún años el joven Harmsworth inició en el negocio regular de publicar periódicos con un semanal llamado "Respuestas", que también fue un éxito. Antes de que hubiese llegado a la edad de treinta años era un editor millonario; y a los treinta y seis años era la cabeza de la mayor industria editorial del mundo.

Hoy Lord Northcliffe, considerado como uno de los hombres más poderosos e influyentes de Inglaterra, vale gran cantidad de millones de dólares, además de poseer dos millones de dólares en plantaciones de madera para fabricar papel en Newfoundland

Obtenemos en esta vida aquello en lo que nos concentramos con todas nuestras fuerzas. Nuestro éxito o fracaso está en nuestras propias manos.

Muchos de los que se quejan de que las puertas del éxito está cerradas para ellos, porque son demasiado pobres para educarse, o porque no tienen a nadie que les ayude a conseguir la posición que desean, no están teniendo éxito ni obteniendo lo que quieren, porque no están dispuestos a hacer el esfuerzo necesario para tener éxito. No están dispuestos a trabajar duro, no están dispuestos a ponerse a trabajar hasta los huesos.

Es posible que tengan fe en su capacidad, pero no tienen la energía para poner esa capacidad a trabajar para que haga cosas por ellos. Quieren que alguien más sea el que "empuje", el que haga que las cosas pasen para ellos. Nadie subió al éxito en la espalda de otro: uno debe esforzarse, hacer que las cosas pasen por sí mismo, o fracasar.

Joseph Pulitzer, un joven que llegó a Estados Unidos desde Alemania, era tan pobre cuando llegó tuvo que dormir en los bancos de City Hall Park, Nueva York, frente al espacio que hoy ocupa el World Building, que más tarde construyó.

Este pobre joven tenía tanta fe y tanta energía que hizo millones de un periódico que estaba bastante cerca de fracasar en las manos de la gente a quien se los compró.

No importa lo humilde de su posición, aunque usted sea un ayudante de ferrocarril, un barrendero, un jornalero o un mensajero, si usted tiene fe en sí mismo, en su visión y respalda esa fe con trabajo duro, nada puede impedir que haga realidad esa visión.

Una fortuna se acumula por los mismos medios que hacen de un hombre un músico, o un político, o un inventor exitoso. La fe y el trabajo tienen magia en ellos.

La fe lidera en todos los emprendimientos. Es la facultad divina que conecta a los seres humanos con la gran Fuente de toda Provisión, la Fuente de toda inteligencia, la Fuente de todo poder y de todas las posibilidades.

Si usted tiene fe -un cien por ciento de fe en sí mismo, en su trabajo de vida, en todo lo que emprenda,- ¡no puede fracasar!

EL GRAN CONQUISTADOR

Yo soy aquello que está detrás de todo logro, que guiado hacia el camino del éxito, a la felicidad, a través de los siglos.

Crucé un océano desconocido con Colón, que sin mí no habría descubierto América.

Yo estuve con Washington en Valley Forge, y de no ser por mí, no habría tenido éxito en liberar las colonias americanas y convertirlas en nación.

Fui a través de la Guerra Civil con Lincoln y guie su pluma cuando escribió la Proclamación de Emancipación que liberó a millones de seres humanos de la esclavitud.

Yo estuve con los patriotas Ingleses que forzaron al rey John a firmar esa gran declaración de derechos humanos, la Carta Magna.

Yo estuve tras los que iniciaron la Revolución Francesa y tras los que firmaron la Declaración de Independencia americana.

Yo estuve con Cristo cuando todos sus discípulos y amigos huyeron; y también animé y consolé a los mártires en la estaca -a los hombres y mujeres que dieron sus vidas para mantener las verdades que Él enseñó.

Crucé el océano con Ciro W. Field cincuenta veces antes de que su gran obra, el cable submarino transoceánico, fuese perfeccionado. Yo estaba en el barco con él cuando el cable partió del medio del océano, después de que el primer mensaje había pasado sobre él, y le di el valor para persistir cuando hubo que hacer todo el trabajo de nuevo.

Yo soy el cerrajero que puede abrir todas las puertas, a quien ningún obstáculo puede detener, ninguna dificultad o desastre puede descorazonar, ninguna desgracia alejarme de mi propósito.

Soy amigo de los destituidos, de los desgraciados, aquellos para quienes la vida ha sido una gran decepción. Si estas personas me encontraran yo daría vuelta a sus vidas para que pudieran enfrentar sus metas e ir hacia ellas en vez de darles la espalda e ir en la dirección opuesta; avanzarían de cara al sol y dejarían atrás las sombras, en vez de frente a ellos como lo han hecho en el pasado.

Soy quien da ánimo, un optimista, que siempre ve algo de esperanza en cada ser humano, porque sé que hay un Dios en cada uno; sé que los hombres y las mujeres son dioses en proceso, y que todos son capaces de hacer infinitamente más, y de hacer las cosas infinitamente mejor, de lo que lo han hecho hasta ahora.

No importa que tan malas sean las condiciones a que me enfrente, pongo una sonrisa, porque sé que el sol siempre está detrás de las nubes y que después de un tiempo la tormenta pasará y el sol brillará otra vez.

Veo el triunfo más allá derrota temporal. Veo más allá de los obstáculos que desalientan a la mayoría, y sé que se vuelven más pequeños conforme uno se acerca. Además, la experiencia me ha demostrado que sólo una fracción muy pequeña de las cosas que la gente teme y por lo que se preocupa, llega a ocurrir.

Si usted me conoce, si cree en mí, trabaje conmigo, aférrese a mí, no importa cuán lleno de fracasos y decepciones haya estado su pasado, le ayudaré a superar las condiciones adversas y lo coronaré con el éxito, porque yo conquisto todas las dificultades.

YO SOY LA FE

15.
Cómo deshacerse del miedo y la preocupación

Un día de preocupación es más agotador que una semana de trabajo. El miedo afecta la salud, paraliza la eficiencia, mata la felicidad, acorta la vida.

Cruzar los puentes antes de llegar, coloca más víctimas en el gran ejército del fracaso, en las filas de los descontentos e ineficientes, que cualquier otra cosa. El temor del mañana, el anticiparse a las pruebas y problemas que vienen, roba a multitudes la fuerza y el entusiasmo que les permitiría hacer del hoy un éxito glorioso.

Aquel que teme al mañana teme a la vida, y esa clase de individuo es un cobarde. No tiene fe en Dios o en sí mismo. Nunca logrará mucho.

Si usted ha tenido una experiencia desafortunada, si ha fracasado en un emprendimiento, si se le ha colocado en una situación embarazosa, si se ha caído y se ha hecho daño por dar un paso en falso, si ha sido difamado y maltratado... ¡OLVÍDELO! No hay nada favorable en estos recuerdos, y esos fantasmas le robarán muchas horas felices.

No es ni lo que hemos trabajado, ni la carga que hemos soportado, ni los problemas que realmente hemos enfrentado, los que han creado esos surcos y arrugas profundas en el rostro de muchos, haciéndonos prematuramente viejos. Son los temores y preocupaciones inútiles que hemos arrastrado con nosotros los que han hecho todo el daño.

El Doctor William F. Warren, ex presidente de la Universidad de Boston, dijo en un discurso a los estudiantes: "Ninguna orden o sugerencia ocurre tantas veces en la Biblia, como el enfático: '¡No tengáis miedo!' Una vez pensé en preparar un sermón sobre este tema, pero resultó demasiado amplio para mí. Desde el Génesis hasta el Apocalipsis, '¡No tengáis miedo!' parecía un estribillo sin fin. Empecé a contar las veces que aparecía. Pronto tenía veinte, luego treinta, luego cuarenta, luego cincuenta.

Cuando iba entre cincuenta y setenta veces, me di cuenta que hay otras frases, como aquellas de nuestro Señor: "Que no se turbe vuestro corazón, ni tenga miedo", que significan exactamente lo mismo, de modo que mi cuenta, aunque, completa, nunca representará el verdadero total".

Sin embargo, hay millones de personas en Estados Unidos, en todas las partes del mundo, cuyas mentes están constantemente llenas del temor a "algo". De la cuna a la tumba, el miedo arroja su sombra negra sobre la humanidad, dejando marcas y retraso en el crecimiento de vastas multitudes de vidas, haciendo que la gente sea infeliz, manteniéndolos en la pobreza y la inferioridad, llevando a muchos a la locura y la muerte.

No hace mucho, una chica de Nueva York se resbaló en una acera helada y cayó a la calle. En ese momento, un carruaje pasó tan cerca de ella que las ruedas casi la tocaron. Aterrorizada ante la idea del peligro, la chica se imaginó que los caballos y el carruaje le habían pasado por encima. Cuando la recogieron de la calle y la llevaron a un hospital cercano en una ambulancia, deliraba acerca de los caballos y el coche que habían pasado sobre ella ¡hasta que se volvió loca! Esta tragedia fue únicamente resultado de la imaginación, porque no había una sola marca en el cuerpo de la joven. ¡Los caballos ni siquiera habían rozado su ropa!

Al igual que los miedos y preocupaciones que hacen que la vida de tantos sean fracasos miserables, lo que enloqueció a esta joven no era real. Lo que ella temía nunca sucedió, pero el efecto de su miedo, la imagen de la muerte o de su cuerpo mutilado en su mente, atrajo sobre ella algo peor, algo más desastroso, porque ninguna pérdida puede compararse con el perder la luz de la razón.

Este tipo de pensamientos erróneos llevan diariamente desastres, tragedias espantosas y desgracias a la vida de hombres y mujeres en todas partes. Hace un tiempo, durante una rayería severa, un rayo cayó cerca de una mujer. Ella se desmayó del miedo y murió. La autopsia mostró que su corazón estaba bien y que el rayo no la había tocado. Sin embargo, se averiguó que esta mujer había sentido toda su vida gran temor de los truenos y relámpagos. Finalmente, lo que tanto había temido y esperado, vino a ella.

No fue el rayo, sino su miedo al rayo, lo que la mató.

Muchos hoy se ven seriamente afectados por el temor a la enfermedad. Ellos temen y esperan la influenza o la neumonía, y así invitan a estas enfermedades a su vida. El miedo destruye su poder para resistir la enfermedad y les predispone a ser víctimas.

Tuvimos un ejemplo notable de esto poco después de que Estados Unidos entró en la Primera Guerra Mundial, cuando la epidemia de influenza apareció en los campamentos de los soldados, y luego se extendió por todo el país como reguero de pólvora. En un tiempo increíblemente corto, miles de víctimas, en su mayoría jóvenes, murieron por la terrible enfermedad. El miedo estuvo tras su destructivo poder.

A través de la influencia de los pensamientos de miedo, los pensamientos melancólicos y de desánimo, el pensamiento de enfermedad, el pensamiento de fracaso, -todo tipo de pensamientos e imágenes malsanos – la gente corta su suministro divino, arruinando su salud, y sus posibilidades de éxito y felicidad.

El miedo a la muerte, el miedo a la enfermedad, el miedo de caer en necesidad, el miedo al fracaso, el miedo a lo que nuestros vecinos pensarán y dirán, el miedo a los accidentes, el anticipar desgracias, la mala suerte en general, el miedo al futuro, el miedo a que nuestro planes no fructifiquen, el miedo a esto y a lo otro, hacen que esta - la más negativa y destructiva de las emociones humanas-, sea la compañera más cercana de nuestra vida cotidiana.

El miedo es el maldito fantasma que siempre está acechando para robarnos nuestro disfrute legítimo, nuestra paz mental, nuestro valor y fuerza, nuestra fe en nosotros mismos y nuestra capacidad de elevarnos por encima de las condiciones que nos encadenan y mantienen en esclavitud.

Considere el temor a la pobreza, y toda la miseria que ha causado. ¿Quién puede estimar los estragos este miedo ha causado en la historia humana? El miedo de caer en necesidad, la tortura de visualizar el lobo del hambre tocándonos la puerta, la agonía de lo que podrían sufrir nuestros seres queridos si no podemos satisfacer sus necesidades... ¡Ese terrible miedo a la necesidad! Lo vemos en los rostros de las multitudes que nunca han aprendido dónde está la verdadera provisión, que no saben nada de la ley de la prosperidad y nunca han siquiera soñado que sentir ese temor a la necesidad, ese horror de la pobreza, esa convicción de que están condenados a ser pobres toda su vida, es lo que aleja de ellos la provisión y la opulencia que anhelan.

No saben que sólo pensando en prosperidad, pensando en abundancia, imaginándose en conexión con el suministro ilimitado, visualizando lo que quieren en lugar de lo que no quieren, podrán escapar de la pobreza que odian y conectarse con la fuente misma de la provisión.

Cuántos agotan sus fuerzas y por lo tanto disminuyen su poder de lograr, por pasar noches en vela preocupándose por sus problemas de negocios, sus problemas en casa, las necesidades de sus familias, ¡preguntándose de dónde vendrá su provisión!

¿Alguna vez este asunto de temer y preocuparse ha hecho algo por usted? ¿Ha aumentado sus ingresos, su salud, su bienestar o su felicidad? ¿Le ha resuelto sus problemas o le ha ayudado de alguna manera? O más bien ¿no ha hecho siempre todo lo contrario?

La mayoría conocemos por amarga experiencia la forma en que ese hábito vicioso del miedo y la preocupación gasta nuestros poderes mentales, se chupa nuestra fuerza de vida, reduce la eficiencia, nos roba la esperanza, el valor y el entusiasmo, de hecho, reduce nuestras posibilidades de éxito un setenta y cinco por ciento.

El gran secreto del éxito y de la felicidad, es tener fe para enfrentar la vida con valentía y confianza, y no anticipar problemas. Es un gran descrédito el que, a pesar de que Estados Unidos es la nación más productiva, con más recursos, más próspera del mundo, es una nación de "gente preocupada". La mayoría no enfrentamos la vida correctamente, tememos y nos preocupamos más que ningún otro pueblo de la tierra. El Servicio de Salud Pública en Washington al darse cuenta de esto, y conociendo los efectos perversos de esta actitud mental en provocar enfermedades nerviosas y otros problemas, publicó hace algún tiempo un boletín, cuyo tema principal era, *No se preocupe. "Hasta donde sabemos"*, decía el boletín, *"ningún pájaro ha tratado nunca de construir más nidos que su vecino. Ningún zorro se inquietó porque sólo tenía un agujero para esconderse. Ninguna ardilla ha muerto de ansiedad por no haber acumulado suficientes nueces para dos inviernos en lugar de uno, y ningún perro pierde el sueño por no tener suficientes huesos enterrados para sus 'años dorados.'"*

En otras palabras, podríamos aprender una lección de los llamados "animales inferiores", de no preocuparnos por nuestra provisión futura, que es una de las principales fuentes de nuestra ansiedad. Decimos que los animales no razonan, pero muestran más inteligencia en esta materia que nosotros, muestran esa fe que nos falta, la fe que Cristo tan constantemente trató de implantar en sus discípulos: "Por tanto, no os preocupéis [es decir, no tengan pensamientos de ansiedad] diciendo: ¿Qué comeremos, o qué beberemos?, ¿o con qué nos cubriremos? ... vuestro Padre celestial sabe que tenéis necesidad de todas estas cosas.... Así que no os preocupéis por el mañana, porque el mañana se preocupará por sus propias cosas. Basta a cada día su propio mal".

Ricos y pobres por igual son víctimas del miedo irracional a la falta de alimento, la falta de medios, como muestran todos los "pánicos" y depresiones financieras[1], pues son los ricos los que al correr a retirar su dinero de las empresas y los bancos, los que primero perturban el crédito público.

Ahora, no todos anticipamos escasez financiera. Muchos, aunque no sean ricos, no se preocupan por asuntos de dinero; pero en vez de eso, permiten que el miedo y la preocupación los afecten a través de alguna otra obsesión: anticipando el fracaso en sus trabajos, la enfermedad, una desgracia a sus hijos, el miedo a que algún miembro de la familia puede "tomar el mal camino". Así, traen la desgracia sobre sí y todos aquellos relacionados con ellos.

---

[1] *(Nota del traductor. Durante el siglo 19 se produjeron varios "pánicos" financieros y depresiones, similares a las del siglo 20 (1929), o la reciente del 2008. El autor sufrió el "pánico financiero" de 1893, cuando perdió su hotel y todo lo que había construido. Sin embargo, se levantó, y fue a partir de ese "fracaso" que inició su increíble carrera de escritor, que ha inspirado a tantos millones.*

Ahora, el hombre o mujer que está en constante temor de un mal inminente, siempre temiendo, anticipando algo que los afectará; o preocupándose por algo que ya sucedió, carecen de elementos esenciales del carácter y del éxito -valor, confianza en sí mismos y la fe en el divino poder de Dios que está en el gran interior del hombre, que lo hace más grande que cualquier cosa que le pueda suceder. Esta alma llena de miedo y preocupación muestra con su actitud mental que no cree en Dios, que no está anclada en la conciencia del poder y recursos ilimitados a su disposición, que le falta confianza en el poder infinito que crea, conserva y sostiene el universo.

No sea usted una de esas almas cobardes: no permita que le roben su derecho de nacimiento — el éxito y la felicidad.

Incluso si usted tiene el hábito de la preocupación y el miedo, puede liberarse de él. El profesor William James dice que el miedo es conquistable; que por fin ha llegado a ser posible para muchos ir desde la cuna hasta la tumba, sin haber sufrido nunca ni de una punzada de miedo genuino. No hay duda de que el miedo y la preocupación -esos terribles males que por tanto tiempo han maldecido la humanidad y frenado su desarrollo- pueden ser totalmente expulsados de nuestras vidas.

Y usted no llegará muy lejos, amigo mío, ni subirá muy alto, hasta que se libre de sus miedos y dudas, de la preocupación y el desaliento que están arruinando su vida, estrangulando sus aspiraciones y oscureciendo sus ideales.

¡Cuántas personas realmente capaces luchan para apenas ganarse la vida, sin llegar ni cerca de cumplir sus sueños de juventud, porque escucharon los susurros de esos traidores humanos —temores, dudas, preocupaciones— que les impidieron hacer ilo que fueron enviados a hacer a este mundo!

Usted es quien debe determinar ahora si seguirá siendo el esclavo del miedo y la preocupación, si seguirá viviendo esa vida de estrechez y carencias, limitada en todas sus posibilidades y poder de expresión, que ha vivido por tanto tiempo; o por el contrario, la dejará atrás para siempre y se elevará a la altura de su poder divino y logros posibles, a través del reivindicar su parentesco con Dios —

con quien todo es posible. Usted no tiene que hacer ninguna preparación, esperar por nada ni pedir la ayuda de nadie.

Usted puede romper con su pasado desalentador, usted puede cambiar su entorno pobre y plantar sus pies firmemente en el camino del logro, usted puede hacer esto inmediatamente, reversando su pensamiento. A través del ejercicio de su poder divino usted puede cambiar su pensamiento a voluntad, y cambiar el pensamiento es el primer paso para curar cualquier condición negativa.

La preocupación, la ansiedad, la falta de fe, el auto-desprecio, la timidez, la falta de confianza en sí mismo, son todas expresiones del miedo, y no pueden existir en su mente ni por un momento cuando están en presencia de pensamientos valerosos, la sugestión mental de intrepidez , auto-confianza, independencia, la imagen de sí mismo como fuerte, ingenioso, valiente, en contacto con la reserva infinita de poder divino y energía que fluye a usted de su Fuente, el Omnipotente, el Creador del universo.

En vez de imaginar problemas y desgracias por delante, meditando sobre las dificultades que enfrenta, y temiendo que nunca será capaz de superarlas, inunde su mente con pensamientos de triunfo, con la idea del poder almacenado en su gran interior siempre deseoso de ser utilizado, siempre más fuerte que el gigante del miedo que intenta asustarlo con espectros, con irrealidades que no tienen existencia fuera de su imaginación.

Ningún temor, ansiedad, desaliento, duda o miedo al futuro, pueden entrar en su mente mientras esta esté llena de pensamientos de esperanza, de valor, de seguridad, de todo poder y fortaleza a través de su relación con el Poder Infinito. Verá que expresar sentimientos fuertes y valerosos en voz alta le será de gran ayuda para echar fuera el temor y la preocupación. Cuando esté solo, diga a esos pensamientos enemigos que le asustan o lo acosan:

"¡Fuera de mi reino mental! No permitiré que se interpongan entre mí y mi Padre. Soy un hijo de Dios, y no fui hecho para humillarme ante nada, para atemorizarme o alejarme de mi propósito por un mero pensamiento.

Soy valiente, valeroso, no temo a nada, soy un conquistador del miedo, no su esclavo".

Recuerde que como hijo de Dios no tiene nada que temer, porque a través de su parentesco con la Omnipotencia, la fuente de todo valor, de toda provisión, de toda belleza, de todo lo bueno, nada malo tiene poder sobre usted.

La próxima vez que sienta que algo lo detiene, susurrándole, *"No lo haga, va a hacer el ridículo. Otros más capaces y fuertes han fracasado al intentar esto mismo. Muchos con más capacidad, en circunstancias más favorables, con más influencia, y con ayuda externa, fracasaron en este ambicioso proyecto que ahora usted quiere intentar. Piense en lo pobre y mal equipado que está. Mejor tenga cuidado, asegúrese de que tendrá éxito antes de tratar..."* ¡NO LO ESCUCHE, ES EL MIEDO HABLANDO! ¡Y está mintiendo, como ha mentido a millones antes que usted, y como mentirá a millones que vendrán después! El que escucha nunca disfrutará de su herencia como hijo de Dios, de su derecho de nacimiento de paz, poder, armonía, éxito y abundancia.

El miedo y la duda, el desaliento y la preocupación siempre se encuentran juntos. Pertenecen a la misma familia, y trabajan para el mismo fin; para robar a la gente de su energía y ambición, y para evitar que hagan lo que fueron creados para hacer. Han sido siempre los grandes dilatadores del progreso humano, los grandes asesinos de la capacidad, los ladrones de la felicidad, los estranguladores de las aspiraciones, los asesinos del éxito. Han mantenido muchos millones en la mediocridad y han causado el fracaso y la ruina de otros millones que podrían haber hecho grandes cosas si hubiesen seguido adelante, hubiesen usado sus capacidades al máximo y hubiesen trabajado de manera constante para realizar sus visiones.

Dios nunca quiso que ninguno de sus hijos fuese víctima del miedo, la preocupación, el desánimo o cualquier otro espectro maligno de la imaginación. Su intención fue que sus vidas fuesen logros triunfantes, éxitos gloriosos, y nunca fracasos miserables.

Recuerde: cualquier cosa que le impida perseguir sus más grandes ambiciones, ES SU ENEMIGO.

Cuando EL MIEDO trate de sacudir su confianza en sí mismo;

Cuando le quiera convencer de no empezar aquello que anhela y que siente que tiene la capacidad de hacer;

Cuando se sienta débil ante alguna dificultad inusual y piense en dar marcha atrás;

Cuando sienta la tentación de preocuparse por algo que sucedió, o que cree que podría suceder;

Cuando dude de su capacidad de hacer esto o aquello, y piense que lo mejor es no tratar de hacer nada a menos que esté completamente seguro de que saldrá bien...

¡SAQUE ESAS IDEAS DE SU MENTE!

Afirme su poder divino como hijo de Dios. Dígase a sí mismo:

"Ahora, me toca a mí decidir si las cosas saldrán bien. No puedo rendirme y acobardarme. Sería despreciable; poco viril.

Soy capaz de superar esto; no tiene poder para vencerme.

No importa si ahora puedo ver la forma o no, voy a seguir adelante abriéndome camino...

No importa qué obstáculos aparezcan, seguiré adelante el puerto de mi ambición.

Nada tiene poder sobre mí, excepto a lo que yo le de poder.

No permitiré que nada frustre mi propósito y destruya mi carrera. Puedo y voy a elevarme por encima de todos mis problemas, de todas mis faltas y errores.

Nada podrá impedir que me encuentre a mí mismo. A partir de ahora trabajaré junto al Dios que hay en mí.

No seré superado por ningún enemigo, yo venceré.

Nada, sólo nosotros puede anular la promesa de Dios al hombre: "He aquí, he puesto delante de ti una puerta abierta que nadie puede cerrar."

La puerta que conduce a sus anhelos; a la vida más completa, más feliz, más abundante... ¡está abierta!

Nadie puede cerrarla sino usted. Sólo sus dudas, sus miedos, su pesimismo, su preocupación, su falta de fe en el Creador y en sí mismo puede evitar que sus deseos se hagan realidad.

16.
El buen ánimo y la Prosperidad

Las sonrisas atraen tanto dólares, como todo lo que es bueno y saludable.

El hombre que mantiene su maquinaria bien lubricada con amor, buena voluntad y buen ánimo puede soportar las sacudidas bruscas, y las decepciones de la vida infinitamente mejor que el hombre que siempre ve el lado oscuro.

"No hay sonrisas, no hay negocio."

La alegría es uno de los mayores benefactores del hombre. Le ha ayudado a no rendirse a la desesperación incluso cuando el hambre le ha mirado a la cara y toda la humanidad parecía en su contra.

Cuando un hombre escoge el buen ánimo como compañero nunca habla de los tiempos difíciles o ni una imagen de pobreza o necesidad en su mente.

El hombre alegre es preeminentemente el hombre útil.

Si me pidiesen nombrar aquello que ayudaría a la raza humana más que cualquier otra cosa, yo tal vez diría: "Más alegría, el buen ánimo, el mantener la dulzura en todas las circunstancias."

Más alegría significa más vida, más felicidad, más éxito, más eficiencia, más carácter, un mejor futuro. El hombre alegre no entumece su mente y se forma medio opiniones de las cosas.

¿Nunca ha notado que, por regla general, las personas alegres, optimistas, llenas de esperanza son los que tienen éxito; y que son los amargos, taciturnos, de naturaleza sombría son los que fracasan o avanzan laboriosamente en la mediocridad, sin llegar nunca a nada?

Un hábito de alegría le capacitará para transmutar desgracias aparentes en verdaderas bendiciones. Más alegría le ayudará a usted lo largo de la línea del éxito. Le ayudará a llevar sus cargas, le ayudará a superar los obstáculos, aumentará su valor, fortalecerá su iniciativa, le hará más eficaz, más popular, más útil. No sólo le hará una mujer o un hombre más feliz y exitoso, sino que transformará y embellecerá hasta el entorno más humilde y más feo.

Alegría significa equilibrio, serenidad, una perspectiva sana, completa y bien equilibrada de la vida. El hombre alegre sabe que hay mucha miseria, pero que la miseria no tiene que ser la regla de vida.

No hay una filosofía como la alegría. No se puede estimar el poder tan saludable y edificante que conlleva una vida alegre, un alma serena y equilibrada. La naturaleza alegre y llena de esperanza es constructiva.

Aquel que se ha formado el hábito de ver el lado bueno de las cosas tiene una gran ventaja sobre el dispéptico crónico que no ve nada bueno en ninguna cosa. Shakespeare dijo:

"El corazón alegre camina todo el día,

el corazón triste se cansa en una milla".

No hay otro hábito de vida que puede dar tan buenos resultados en felicidad y satisfacción como el ser alegre y dulce en todas las circunstancias.

El pensamiento del hombre alegre esculpe en su cara la belleza y toca sus modales con gracia.

¿Por qué no resuelve que, sea lo que sea que le pase, sea que fracase en sus empresas o tenga éxito, se mantendrá alegre, esperanzado, optimista y estará agradecido por las cosas buenas que tiene?

En casi todo podemos encontrar algo de felicidad si lo buscamos. El problema con nosotros es que generalmente queremos más para hacernos felices de lo que merecemos, y no somos lo suficientemente agradecidos por las muchas cosas que tenemos para disfrutar.

Muchos podríamos aprender una lección de la muchacha pobre de los barrios pobres de una gran ciudad que ganó un premio en una exposición de flores. Cuando se le preguntó cómo se las arregló para hacer crecer su hermosa planta en el oscuro callejón donde vivía, ella respondió que había un pequeño espacio entre dos edificios altos, a través del cual entraba un poco de sol, y que al mover la planta según se movía el sol se las había arreglado para mantenerla a la luz y producir la premiada flor.

Todos tenemos por lo menos un poco de sol en nuestras vidas, algo que agradecer, y si giramos la cara hacia él, podemos arreglárnosla para seguir creciendo. Lamentablemente, no aprovechamos al máximo el poco de sol que tenemos, como hizo la joven.

Hay mucho que incluso los más pobres entre nosotros podemos disfrutar en la vida cotidiana, si tan sólo nos detuviésemos a mirar, escuchar, pensar y contemplar; si tan solo tratásemos de ver las cosas en su verdadera luz, de escuchar las voces de la naturaleza, de ver los milagros que ocurren por todas partes a nuestro alrededor en este gran laboratorio de Dios. Podríamos ser felices en las situaciones más comunes en la vida si tan solo aprendiéramos a disfrutar de las cosas comunes, a apreciarlas, a ver su maravillosa belleza.

Pero no. Siempre es lo que queremos -no lo que tenemos-, lo que reclama nuestra atención. Es la cosa lejana, es el mañana, el próximo año cuando estamos en mejor situación, cuando estemos en mejor capacidad de tener lujos, de tener un automóvil, de viajar... Es entonces cuando vamos a disfrutar y a pasar un buen rato.

Conozco un hombre que, aunque muy pobre, puede estar cómodo en situaciones duras y desalentadoras más que cualquier otra persona que yo haya conocido. A menudo lo he visto sin un dólar, con una esposa que mantener, y sin embargo siempre está optimista, feliz, alegre, contento. Incluso puede burlarse de una situación embarazosa; y ver algo absurdo en su pobreza.

Nunca ha estado en una dificultad que lograse borrarle el sol, ya que él siempre ha visto la luz adelante; y no hay duda en mi mente que finalmente, logrará ser un gran éxito en su negocio.

Si estamos alegres y contentos toda la naturaleza sonríe con nosotros, el aire es más suave, el cielo más claro, la tierra tiene un color verde más brillante, los árboles tienen un follaje más rico, las flores son más fragantes, los pájaros cantan más dulcemente, y el sol, la luna y las estrellas son más bellas.

El dinero en sí no tiene mucho que ver con la felicidad. Algunos de los hombres y mujeres más miserables que jamás he conocido eran muy ricos. Podían tener todo lo que el dinero podía comprar, pero el dinero no les trajo la felicidad, ni trajo alegría o armonía en sus hogares. De hecho, algunos de estos hombres y mujeres, si hubiesen sido pobres, quizá hubiesen sido infinitamente más felices.

La gran alegría se encuentra en las grandes almas, equilibradas y llenas confianza en sus propias fuerzas asistidas por el cielo.

Epicteto, el filósofo pagano, demostró en su vida la verdad de sus propias palabras - "Un hombre puede ser feliz sin riqueza, sin familia, sin puestos ni honores, sin salud, sin aquello que todos buscan."

Pocos de nosotros carecemos de todas estas cosas, pero no somos felices porque no somos "normales" como lo fue Epicteto. Muchos piensan que la felicidad consiste en gran parte en eliminar lo desagradable, los deberes desagradables, en eliminar la triste y seca rutina de la vida, la servidumbre obligatoria. En deshacerse de la responsabilidad de buscar medios y recursos. Piensan que serían felices si consiguiesen liberarse de las cosas molestas de la vida; libres de tener que andar pellizcando y esforzándose en el día a día por tratar de hacer negocios con capital limitado; libres de dolores, carreras y molestias; libres de las mil y una molestias de la vida del trabajo cotidiano.

En resumen, la mayoría pensamos que seguramente seríamos felices si nos liberáramos de la ansiedad de la cuestión del "pan y la mantequilla", y si no tuviéramos que pensar en el costo de las cosas; o las formas y medios para conseguirlas. Pero, hasta donde sabemos, los ricos no son más felices que los pobres. Ellos, en gran medida, lo que hacen es redirigir la ansiedad y la preocupación hacia otras cosas.

En el momento en que la gente supera la necesidad de trabajar, superan la ansiedad sobre el costo de vida, hay muchos otros enemigos de su felicidad listos para colarse en sus vidas y destruir su armonía- si ellos lo permiten.

Las cosas que nos atormentan, que nos impiden ser alegres y felices son los boomerangs que se devuelven a nosotros producto de lo que hacemos mal: todas las heridas mentales que padecemos son auto-infligidas. Ningún ser humano es capaz de perjudicar a otro sin lesionarse a sí mismo. No puede hacer el mal sin tener que pagar por ello en sufrimiento correspondiente. De la misma manera nuestros pensamientos reaccionan sobre nuestra prosperidad y felicidad.

La nueva filosofía nos muestra que no tenemos que morir para encontrarnos, para llegar a nuestro cielo, el cielo de los sueños; que la tumba no es el portal del paraíso, sino que el paraíso está aquí y estamos viviendo en el paraíso pero no lo sabemos, porque no podemos verlo, salvo cuando obtenemos una pequeña mirada del cielo brillando a través de todo lo que es bello y dulce y encantador y amable.

Nos enseña que el paraíso se gana con una vida correcta; pensando correctamente; actuando correctamente; mediante la práctica de las cualidades de Dios. Nos enseña que nunca podremos despertar en SU semejanza hasta que practiquemos SUS cualidades, las cualidades que constituyen la divinidad. Nos enseña que el estar conscientes de nuestra unidad con el Uno es la fuente de toda nuestra fuerza, la fuente de todo nuestro poder, el secreto de todo éxito que merece la pena, la fuente de nuestra sanidad.

La nueva filosofía nos enseña a mirar hacia la luz, no importa si podemos ver la meta o no, a siempre mirar en la dirección de la esperanza. Nos enseña a mirar hacia el éxito, hacia la opulencia, hacia la prosperidad, no importa cuán pobre parezca nuestro entorno. Nos enseña a mirar hacia el hombre perfecto que Dios planeó, que Dios diseñó, y no a ver al hombre como enfermo, inmoral, pecaminoso, criminal o defectuoso.

Nos enseña que cuando vemos a los seres humanos a través de ojos llenos de sospecha, a través de ojos desconfiados, a través de ojos que dudan, a través de ojos celosos, envidiosos o llenos de odio, despertamos en ellos -por una ley inevitable-, esas mismas cualidades que tenemos en nuestra mente , las cualidades que vemos en ellos.

Si queremos llamar lo mejor, si queremos obtener lo mejor de los demás, tenemos que buscar lo mejor en ellos, tenemos que pensar en lo mejor de ellos, tenemos que confiar en ellos, tenemos que creer en ellos.

Quien sonríe y ve lo mejor en todo y en todo el mundo, es quien recibe lo mejor de los demás. Es quien atrae a los demás y gana en la vida; mientras que el rostro sombrío y agrio repele a todos.

"No hay sonrisas, no hay negocio", es el lema de un negocio exitoso. Al principio me pareció un lema algo peculiar, pero pensándolo bien, me di cuenta de lo conveniente que es. ¿Acaso no todos sabemos que un rostro sombrío y agrio espanta los negocios; mientras que un rostro agradable y luminoso los atrae?

La alegría atraerá a más clientes, venderá más productos, hará más negocios con menos desgaste que cualquier otra cualidad.

El millonario con dinero no puede ayudar a nadie más que a sí mismo; pero todo el mundo se enriquece al conocer o entrar en contacto con el millonario del buen ánimo, y cuanto más da de su riqueza, más se multiplica.

Andrew Carnegie debía su popularidad y gran parte de su éxito y felicidad a su disposición alegre. En sus últimos años, dijo: "Mis jóvenes socios hacen el trabajo y yo hago la risa, y quiero decirle, hay muy poco éxito donde hay poca risa."

Aquel que toca la nota de la alegría y la felicidad es un dispensador del bálsamo de Galaad, de una fuerza de curación. Un hombre sin alegría es un hombre enfermo. La tristeza de su espíritu esparce una plaga fulminante sobre toda la belleza de su vida. Envejece prematuramente. Sus fuerzas decaen.

"Un espíritu quebrantado se seca hasta los huesos."

Pero la alegría es una medicina. Promueve la salud. El hábito de la alegría lubrica la máquina humana; incrementa y agudiza grandemente cada una de las facultades mentales; mejora todas las funciones del cuerpo. La alegría nos mantiene jóvenes; es uno de los secretos de la eterna juventud.

Aquel que confiesa a sí mismo y a los demás que está enfermo, está realmente enfermo; pero quien se niega a hacer tal admisión, y continúa alegremente como si fuera así, conquista muchas enfermedades, ante las cuales, si se hubiese dejado sucumbir, podría haber sido muy serio.

Beecher solía hablar de las naturalezas brillantes que se mueven por el mundo como música animada, que reparten alegría y gozo por dondequiera que van. Todos hemos conocido esas particulares almas que viven en la luz del sol todo el tiempo. No importa lo pobres de bienes terrenales que puedan estar, siempre encuentran algo en la vida de lo que estar agradecidos. Siempre son útiles, llenos de esperanza, dispuestos a animar a todos, felices. Dondequiera que vayan, reparten el brillo del sol.

Si no podemos controlar nuestros estados de ánimo como para ser siempre realmente felices; al menos siempre podemos parecer alegres. Este es un deber que tenemos con la sociedad y con nosotros mismos. Es débil y de segunda categoría andar siempre irradiando veneno mental, el veneno del desaliento, de la tristeza, el veneno de la preocupación y de la ansiedad, ir por el mundo llevando luto en nuestra expresión. Es un pecado repartir tristeza y desaliento. Se lo debemos al mundo y a nosotros mismos repartir el brillo del solar, parecer siempre que estamos en nuestro mejor momento, y no en nuestro peor.

Es significativo el hecho de que el hombre es el único animal que tiene sentido del humor -que puede reír. El Creador tuvo la intención de que nos divirtiéramos, que nos regocijásemos y estuviésemos siempre alegres. La felicidad es nuestro derecho de nacimiento.

La risa es una señal de cordura. Las personas anormales o dementes rara vez se ríen. Es tan natural para un ser humano normal querer reír y pasar un buen rato, como lo es respirar. Hay algo raro en una persona que nunca se ríe, que siempre está seria. Las cosas que nos divierten y nos hacen disfrutar de la vida tienen una influencia física y moral saludable.

El hábito de la felicidad es tan necesario para nuestro mejor bienestar, para cualquier éxito que se merezca ese nombre, como el hábito de trabajo, o el hábito de la honestidad o el de hacer negocios honradamente.

Podemos cultivar el hábito de estar alegres y felices al igual que podemos cultivar el hábito de ser amables con todos aquellos con quienes entramos en contacto.

Cualquier cosa que pueda hacer que un hombre se sienta alegre y feliz, que elimine las telarañas del desaliento de su cerebro y aleje el miedo, la tensión y la preocupación, es de valor práctico y debe fomentarse. La diversión abundante e inocente hará esto como nada más lo puede hacer.

Es la más sagaz política comercial el hacer aquello que nos recree, refresque y rejuvenezca para el trabajo del día siguiente. Entonces ¿por qué no tener un montón de diversión y risas en la casa? Uno de los pecados más grandes que cometen muchos padres contra sus hijos, es el suprimirles su amor por el juego en casa. Muchos padres insisten en que sus hijos no tienen que hablar o reírse durante las comidas. ¡Esto es un crimen contra la infancia!

Cuando crezcan y tengan que enfrentar el mundo, esto les impedirá ser compañías placenteras y agradables, con buena capacidad de relacionarse, porque los hábitos de la infancia serán una parte del hombre y mujer adultos.

La diversión es tan necesaria como el pan. Se equivoca quien considera la risa y el humor como cosas transitorias y superficiales que pasan y no dejan nada. ¡Tienen una influencia permanente y beneficiosa sobre el carácter y la carrera!

Pasar un buen rato debe ser parte de nuestro programa diario. ¿Por qué no meter esto en nuestro proyecto de vida? ¿Por qué debemos ser serios y sombríos en el trabajo, o mientras comemos? ¿Por qué no hacer todo con alegría y gozo?

La alegría le ayudará a lo largo de su vida. Le ayudará a soportar sus cargas; le ayudará a superar obstáculos; aumentará su valor; fortalecerá su iniciativa y le hará más eficaz. No sólo le hará un ser humano más feliz, sino también más exitoso y progresista.

La alegría, tener más felicidad en la vida, es nuestra mayor necesidad. Las luchas, las decepciones y las dificultades no son para ponernos tristes, sino para hacernos fuertes – y si no nos quejamos y protestamos, se nos dará la fuerza para superarlas.

El hombre alegre ve que en todas partes el bien sobrepasa el mal, y que todo mal tiene su bálsamo de compensación.

Robert Louis Stevenson dijo: "Es mejor encontrar un hombre o una mujer feliz, que un billete de cinco libras. Él o ella es un foco radiante de buena voluntad y cuando entra a una habitación, es como si otra vela se hubiese encendido."

Todos fuimos creados para la felicidad, para regocijarnos y estar alegres. Cualquier falta de armonía o discordia en nuestra naturaleza es contraria a la ley divina y a la voluntad divina. La intención del Creador es que todo el mundo sea más feliz que el ser más feliz que existe hoy.

Si usted, amigo mío, no ha encontrado esa fuente de felicidad que le mantenga en equilibrio y serenidad, no importa lo que le suceda a usted o a los suyos, si no ha encontrado ese equilibrio que da la paz que proporciona comprensión en todas las condiciones, usted aún no ha encontrado el gran secreto de la vida.

Usted aún tiene que aprender que el verdadero disfrute, la verdadera satisfacción no proviene de la posesión de las cosas, no proviene de fuentes externas, sino que nuestra mayor satisfacción, nuestro mayor disfrute, nuestra mayor felicidad, siempre viene de dentro.

Aquí está la fuente de toda provisión; aquí es donde tocamos a Dios, la fuente de todo lo bueno; aquí es donde nos conectamos con la divinidad en nuestro gran interior.

Si su provisión es limitada y se siente infeliz, insatisfecho, triste, puede estar seguro de que algo anda mal en su interior. Algo anda mal en su pensamiento, en sus motivaciones, en sus actos, algo anda mal en su visión de vida.

Usted está violando su naturaleza de alguna manera; o simplemente, no está utilizando sus poderes correctamente.

17.
La llave maestra para ser grandioso: Concéntrese

Dos amigos emprendieron un viaje una vez, oh, hace muchos años,
Uno montaba un corcel brioso,
el otro caminaba junto a él,
y el que montaba corrió hacia todas partes,
salvo hacia donde debía,
"Porque", dijo él, "hay tiempo suficiente, y mi montura es buena."
El tiempo siguió su camino, también,
y cuando, por fin, la hora límite llegó,
El que buscó la burbuja de placer estaba aún muy lejos de la meta.
Mientras que el que vino con ritmo lento pero constante,
había llegado al final de su viaje,
Aunque con una sombra en su corazón: el fracaso de su amigo.
- T.H. Winton.

El hijo de un pobre maestro de escuela de Gales, sin ventaja de nacimiento o fortuna, sin contactos o influencias de ningún tipo, David Lloyd George, consiguió elevarse a la posición más alta en el Imperio Británico. Como Primer Ministro de Inglaterra, está en el nivel del Rey George, y su poder y responsabilidad en gran medida supera el del Rey o el de cualquier otro hombre en el imperio.

¿Cuál es el secreto de su éxito? Una palabra lo dice: **la concentración.**

Antes de que el niño tuviese dos años, su padre murió. Su madre se llevó a su familia a vivir con su hermano, Richard Lloyd, un humilde zapatero. La tienda del zapatero era una especie de foro político para obreros del barrio, y el joven David recibió allí su primera educación en la política. En su adolescencia estudió Derecho, y a la edad de veintiún años comenzó a practicar.

Pero mucho antes de ser admitido a la barra de abogados, cuando visitó por primera vez la Cámara de los Comunes, decidió que ese iba a ser su futuro dominio, y allí mismo decidió entrar en el Parlamento. Con toda la fuerza y la tenacidad de su carácter se concentró en su ambición, con el resultado que el mundo conoce: es uno de los estadistas más capaces y brillantes que ha producido Inglaterra, y es hoy la figura más dominante en los asuntos mundiales.

Lo que David Lloyd George hizo en su campo usted puede hacer en el suyo, ya que millones de personas lo han hecho, por el mismo medio, -la concentración.

No hay imán más poderoso en el mundo para atraer lo que deseamos, no hay fuerza más eficaz para lograr la ambición que anhelamos alcanzar que la concentración. Ha sido el factor principal en todos los grandes logros de la historia. Es la piedra angular del éxito en cada campo, el principio en que se basa todo el progreso. Todos los inventos, descubrimientos, las instalaciones modernas de que disfruta el mundo, son hijos de mentes enfocadas.

Cualquier cosa que anhele ser o tener, puede serlo o tenerlo, si enfoca su mente y concentra sus esfuerzos en esa única cosa.

Cuando Franz Liszt, el gran compositor, era sólo un joven, su hermano mayor le reprendió por dedicar su tiempo a la música y le dijo que él sería un gran terrateniente. El aspirante a propietario despreciaba la inclinación musical de su hermano, y afirmaba que un talento para la música sólo lo arruinaría. Pero Franz mantuvo su inclinación, e incluso varias veces huyó de casa para satisfacer su ambición por una carrera musical, desalentada en su hogar.

Años más tarde, cuando el hermano mayor se había convertido en un rico terrateniente visitó a Franz, que todavía luchaba como músico. Al no encontrarlo en su casa, le dejó su tarjeta, que llevaba la inscripción: "Herr Liszt, propietario de tierras".

Años más tarde, cuando el joven compositor finalmente había triunfado, regresó la visita de su hermano y le dejó su tarjeta, que decía: "Herr Liszt, propietario de su cerebro".

Aparte del humor de esta pequeña historia, el punto es que cada uno de los hermanos obtuvo aquello en lo cual se concentró: el uno se convirtió en un rico terrateniente, el otro, en un mundialmente famoso músico y compositor.

Si su ambición es como la del hermano mayor, de convertirse en un rico terrateniente, una persona de negocios próspera, debe concentrarse en la prosperidad, en la adquisición de la riqueza de alguna forma. Todos conocemos personas que parecen atraer el dinero de todas partes. Todo lo que tocan se convierte en dinero, como se dice, mientras que otros que trabajan tan duro para el mismo fin no tienen éxito. Los resultados son diferentes debido a la diferencia en la intensidad y la persistencia de la concentración.

El natural, el que nació siendo un "fabricante de dinero", piensa en términos de dinero; todo el tiempo está creando dinero mentalmente, por así decirlo, porque su mente está enfocada en el dinero. Siempre está alimentando su visión de dinero. Esta seguro en su convicción de que va a ganar dinero, de que será rico, y se concentra en su objetivo con tanta intensidad y sencillez de propósito que literalmente crea dinero.

Aquel que quiere dinero, pero que no se concentra intensamente en conseguirlo, que no cree mucho en su capacidad para conseguirlo, que teme que nunca llegará a ser ni siquiera lo que llamamos 'acomodado', es como aquel que quiere tener éxito, pero siempre está pensando en el fracaso, preocupándose por el fracaso, temiendo y creyendo que nunca se convertirá en un éxito. O como aquel de capacidad promedio que dispersa sus fuerzas en una docena de diferentes direcciones, con la esperanza de que logrará el éxito en alguna.

No existe el "lograr el éxito por casualidad". Los genios más grandes en el mundo nunca han creado sus obras maestras en su campo por casualidad. La concentración es la llave maestra de todo éxito. Es la ley fundamental del logro.

Aquel que no se concentre será un éxito a medias, un mediocre, o un completo fracaso. Los franceses tienen un proverbio: "Aquel que hace solo una cosa es una fuerza temible." En otras palabras, el que se dedica a una sola cosa es irresistible. No importa si el mundo se opone a su avance, el forjará el camino a través de su objetivo.

El inclinar todas sus energías a cumplir su propósito hizo de Napoleón una de las figuras más notables de la historia. Su intensa concentración en su objetivo único e inquebrantable le permitió escribir su nombre en las piedras de la capital francesa y estamparlo indeleblemente en el corazón de los franceses. Incluso hoy en día, un siglo después de su muerte, Francia, a pesar de ser una república, aún sigue bajo el hechizo del nombre de Napoleón.

"Ser un éxito en la industria del calzado es mi única gran ambición", dijo hace un tiempo el dueño de una de las compañías más grandes de calzado en el mundo. "No soy director ni miembro de la junta de ningún banco. No disperso mis energías. No pretendo saber muchas cosas, pero sé una cosa o dos sobre el negocio del calzado. He puesto mi capacidad, mi energía, mi vida en la tarea de hacer un buen calzado." Este hombre comenzó la vida en la parte más baja de la escalera, sin capital o influencia, pero construyó un negocio que mantiene una fuerza de doscientos vendedores ambulantes en carretera y que deja uno $25 millones al año (unos $600 millones de hoy. NT.)

Emerson dice, "La precaución más importante en la vida es la concentración; el mal más grande, la disipación."

Dispersar las energías, disipar la fuerza creativa, no enfocar la mente y mantenerla allí, es responsable de nueve décimas partes de los fracasos en la vida y la mayoría de la pobreza del mundo.

Conozco uno de esos disipadores que genera más ideas nuevas y esboza más planes nuevos que cualquier otra persona que haya conocido. Sin embargo, nunca ha logrado nada más una vida pobre, porque nunca se dedica el tiempo suficiente a una sola cosa como para hacerla funcionar. Su capacidad intelectual y su energía se dispersan en dar seguimiento a una nueva cosa tras otra, sin llevar ninguna de ellas adelante hasta el final. Cada vez que hablo con él, me sorprende la fertilidad de su mente, su ingenio para crear ideas originales, muchas de las cuales serían útiles si sólo se pusieron en ejecución. Lamentablemente, nunca pasan de la etapa mental. La concentración necesaria para aterrizarlas, para ponerlas a trabajar, es insuficiente.

Hay miles de personas como este hombre, recibiendo bajos salarios en puestos comunes, cuyo conocimiento de una docena de diferentes ocupaciones, concentrados en un solo campo, los haría especialistas eficientes. Por todas partes encontramos hombres que a temprana edad estudiaron derecho, medicina, teología, que enseñaron en la escuela por unos años, trabajaron por un tiempo en una tienda, tuvieron un puesto en el ferrocarril, hicieron un poco de negocios, se pasaron de casa algunas veces, y finalmente, cuando se establecieron en una cosa, se encontraron con que sus años de formación, los años de mayor oportunidad, cuando eran susceptibles a la disciplina, ya habían pasado.

No importa lo brillante y versátil que pueda ser usted, no puede permitirse el lujo de dispersar sus capacidades, de desperdiciar experiencias valiosas saltando de una vocación a otra. Si usted desea tener éxito en una manera que valga la pena, debe ser un hombre completo con intereses indivisos, capaz de arrojar el peso de todo su ser en una sola cosa. Nadie es lo suficientemente grande como para poderse dividir en muchas partes; y cuanto antes uno grabe esta verdad en la mente, mejor serán las posibilidades de ser un miembro útil de la sociedad.

Elbert Hubbard dice: "Aquel con maestría es aquel que ha evolucionado un ingenio inteligente, concentración, confianza en sí mismo, hasta que las convierte en el hábito de su vida."

Coleman Dupont dio un buen ejemplo de maestría en una etapa crítica en los asuntos de la Compañía Dupont (Dupont Powder Company). Cuando lo llamaron a dirigir la empresa, esta perdía terreno rápidamente, pero a través de su increíble ingenio y concentración, respaldada por la confianza en su capacidad para hacer lo que se comprometió, muy pronto cambió el curso e hizo la empresa exitosa. Cuando un periodista le preguntó cómo lo había logrado, dijo: *"Hablé polvo, comí polvo, soñé polvo, no pensé en otra cosa sino en polvo."* Esta concentración en un objetivo constante construyó una enorme empresa de fama mundial.

No importa cuál sea su negocio, oficio o profesión, no se puede cometer un error si se siguen los notables métodos del señor Dupont de concentrarse, que lo hicieron un maestro en su campo.

Piense en lo que desea; háblelo; vívalo; respírelo; suéñelo; represéntelo; irrádielo por todos los poros de su cuerpo; sature su vida con él, visualícelo, crea que ya es suyo.

Esa es la única manera de conseguir algo de valor en este mundo. Si pudiéramos comprender el maravilloso poder del pensamiento, la fuerza creativa de la concentración, el poder de atracción de la visualización intensa, ¡cuánto más podríamos lograr!

Es esto lo que realmente hace de la mente un poderoso imán para atraer lo que se desea, lo que más se anhela. En todas partes vemos ejemplos de la fuerza de atracción del pensamiento positivo, definido, concentrado en un punto.

Tome los niños judíos que vienen muy jóvenes de otros países a los Estados Unidos. Desde el primer momento tienen el instinto comercial concentrado de su raza. Piensan en términos de ganar dinero, mantienen sus mentes ocupadas en formas y maneras de hacer dinero hasta que se vuelven poderosos imanes, atrayendo dinero de todas las direcciones. Es por eso que tienen éxito y se hacen ricos donde jóvenes americanos con mejores oportunidades atraen pobreza y siguen siendo pobres toda su vida.

Desde el momento en que el niño judío comienza a lustrar zapatos en la calle, a vender periódicos, o a vender artículos pequeños, todo el tiempo está pensando en el dinero que va a ganar, contando lo que tiene y planificando lo que va a hacer con él, cómo incrementarlo; cómo ampliar su pequeño negocio, como poner sus ganancias a trabajar para acumular más dinero.

En muy poco tiempo tiene un quiosco o una pequeña tienda, luego invierte un poco en bienes raíces, luego toma prestado un poco de dinero y se pone una empresa, y va comerciando en una cosa y otra, su mente siempre empeñado en hacer más dinero, hasta que un día este pequeño vendedor de periódicos, o limpiabotas, o vendedor se convierte en un hombre de fortuna – ¡en un millonario!

Para manifestar prosperidad, usted debe concentrarse en la prosperidad y mantener la actitud de prosperidad; para manifestar abundancia, debe pensar en abundancia, al igual que debe pensar en salud y pensar en vigor, si desea estar sano y vigoroso. No basta con desear la salud: debe creer que estará -que ya está-, sano y fuerte.

Usted debe tener esa expectativa. "De acuerdo con vuestra fe será hecho en vosotros." Debe mantener su deseo en la mente, sea lo que sea que desee manifestar en su vida; y debe creer que vendrá.

El estudiante que está tratando de convertirse en abogado satura su mente con la ley. Piensa en leyes, lee leyes, estudia leyes, mantiene su mente enfocada en un futuro como abogado, se mantiene en una atmósfera legal; se visualiza practicando como abogado, como persona importante en su profesión; continuamente llena su vida con el ideal de la ley, y por la fuerza de su poderosa concentración se capacita para el ejercicio de la abogacía. El estudiante de medicina debe seguir el mismo método; lo mismo debe hacer el aspirante a clérigo o a cualquier otra vocación.

Y así debe hacer quien aspira a ser rico. No se puede esperar ser próspero si uno no se aferra a la visión de la prosperidad, si uno no cree con todo su corazón que será próspero. Si su mente todo el tiempo está ocupada en otra cosa, si está lleno de dudas sobre si alguna vez acumulará bienes o será próspero en cualquier campo de negocios, no se engañe a si mismo con la idea de que la prosperidad vendrá a usted si tan sólo trabaja duro. ¡No lo hará! Nada puede entrar en su vida si no lo hace por la puerta de su pensamiento, de sus expectativas, de su fe.

La concentración es indispensable para el éxito en cualquier cosa. Como la Doctora Julia Seaton dice: "La concentración es la esencia vital de toda la vida, y sin ella no hay verdadero propósito, no hay control real. Del poder de concentración, más que de cualquier otra cosa, depende nuestra ley de atracción, control y dominio de las condiciones de la vida."

Si se siente desanimado porque no está recibiendo lo que esperaba, algo está mal. Su mente no está trabajando en armonía con su esfuerzo en el plano físico. Algo ha detenido su progreso, y ese algo es un obstáculo mental que usted se ha puesto en su camino. Usted no se está pensando "allí", no se está poniendo en la corriente del "obtener" al concentrarse con confianza, con fe, en línea con sus ambiciones. El desaliento, la duda, la vacilación, la mente dividida, la dispersión de sus esfuerzos, una cosa u otra está neutralizando las fuerzas que naturalmente le llevarán a su meta.

Tal vez está malgastando sus energías empleando su tiempo libre en cosas laterales, tratando de tener un poco de éxito aquí, un poco de éxito allá, sin entregar todo de sí al trabajo de su vida.

En Maine, los agricultores dicen que conducir sin anteojeras convierte un caballo en un mirón, pues su atención se pierde hacia un lado y otro, lo que arruina la marcha y la velocidad del animal. Más de un hombre se ha arruinado por no fijarse límites suficientemente estrechos en los cuales concentrar y dirigir todas sus energías.

Dijo Andrew Carnegie: "Una gran causa del fracaso de muchos en los negocios es la falta de concentración. La gente es propensa a buscar inversiones paralelas, líneas laterales de negocio. La causa de muchos fracasos sorprendentes radica en hacer esto. Cada dólar de capital y crédito, cada pensamiento de negocio, debe estar concentrado en el negocio que uno ha emprendido. Nunca se debe desperdigar el disparo. Cualquier inversión "externa" es un mal negocio, que no dará un mejor rendimiento para aumentar el capital. Ningún hombre o grupo de hombres o corporación puede administrar el capital de un hombre de negocios, como lo puede administrar él mismo. La regla de "No pongas todos los huevos en una sola canasta", no se aplica al trabajo de vida de un hombre. "

No tenga miedo de ser conocido como persona de una sola idea. Aquellos que han movido al mundo han sido de este tipo.

Es aquel que tiene su propósito grabado con fuego en cada fibra de su ser, el que tiene la facultad de concentrar sus energías dispersas en un punto como una lupa que enfoca los rayos dispersos del sol, el que tiene éxito.

"Cuando tengo un tema a mano lo estudio profundamente", dijo Alexander Hamilton. "Día y noche lo tengo ante mí. Mi mente se impregna con él. Luego, cuando tengo éxito, la gente se complace en aludir "genialidad". Pero es sólo el fruto de la reflexión y el trabajo."

La concentración, aunque no haya "genialidad", logra más que la genialidad sin concentración.

18.
El tiempo es dinero, y mucho más

Pocos de nosotros nos damos cuenta de la conexión entre el día, la hora, en la que estamos viviendo, y nuestro éxito, nuestra felicidad, nuestro destino.

Es mucho más fácil soñar con un gran éxito grande mañana que tratar de hacer de hoy un gran éxito.

Cuando veo a un joven aprovechando cada momento libre para buscar su superación personal, que tiene la ambición de hacer que cada día cuente, yo sé que hay algo, un algo muy grande, en su futuro.

Nuestros "hoy" son los bloques con los que construimos nuestro futuro. Si éstos son defectuosos, toda la estructura de nuestra vida será así. Ese maravilloso futuro que usted ha soñado siempre va a ser exactamente lo que usted ponga en sus "hoy".

El mundo otorga todas las oportunidades a aquellos que las pueden utilizar. El Poder y la Fortuna están escondidos en las horas y momentos que pasan, esperando el ojo que pueda ver, el oído que pueda oír, la mano que pueda hacer.

Cuando la reina Isabel de Inglaterra se estaba muriendo dijo: "¡Mi reino por un momento!"

Uno de los hombres más ricos del mundo, dijo que daría millones de dólares por asegurarse unos pocos años más de vida.

J.P. Morgan solía decir que cada hora de su tiempo valía mil dólares. Probablemente valía muchos miles de dólares, incluso si se mide sólo por dinero, pues la acumulación de una gran fortuna fue sólo un incidente en la carrera multifacética del Sr. Morgan.

Pero el tiempo es infinitamente más valioso para nosotros de lo que se muestra por su poder para hacer dinero. Nunca he conocido a nadie que hiciese algo valioso de su vida, antes de entender el valor inmenso del tiempo. El tiempo es nuestro bien más preciado, nuestra más grande riqueza, porque en ella vive nuestro éxito, nuestra felicidad, nuestro destino.

Sin embargo, multitudes se dedican a matar el tiempo. Su principal objetivo en la vida es desperdiciarlo más rápidamente posible, sin entender que esto es infinitamente más derrochador de lo que sería para un hombre rico lanzar billetes de cien dólares o diamantes valiosos al mar, o hacer lo que hizo Cleopatra, disolver perlas inestimables en un vaso de vino y beberlas.

El futuro de un joven se puede medir con mucha precisión según el valor que pone en su tiempo, sobre todo su tiempo libre. Desde la fundación de la república americana estadounidenses más importantes y exitosos han sido los hombres que no sólo en su juventud, sino a lo largo de su vida, usaron sus ratos libres en expandir sus mentes, añadiendo conocimientos, y desarrollando su capacidad en un campo especial.

Los Washington, los Franklin, los Lincoln, los Burritt, los Morse, los Field, los Edison, los hombres en todos los campos de actividad en el mundo civilizado que hicieron grandes cosas por la humanidad y se hicieron famosos, lograron su gran obra no porque fuesen genios, sino porque obtuvieron el valor total de cada minuto.

"En mi tiempo he conocido a muchos famosos en la guerra, el gobierno, la ciencia, las profesiones y los negocios", dijo el senador Hoar de Massachusetts. "Si me pidiesen declarar el secreto de su éxito, lo atribuyo, en general, no a un genio natural superior, sino al uso que hicieron en su juventud -después de terminada la jornada de trabajo-, de las horas que otros desperdiciaron o dedicaron al ocio, al descanso, o a la "sociedad". Las grandes cosas en este mundo las hicieron personas de capacidad física ordinaria, que dieron lo mejor de sí. Y dieron lo mejor al nunca perder su tiempo".

Hay muchos llamados empleados comunes u ordinarios, que tal vez piensan que no tienen tanta oportunidad de surgir como sus compañeros más brillantes o atractivos, quienes en pocos años habrán llenado las altas posiciones. La historia muestra que cada año se sacan multitud de gigantes de los rangos bajos, a menudo jóvenes becarios que están más sorprendidos por su rápido avance que los empresarios que los están observando.

La única razón por la que alguien permanece como empleado común y corriente, haciendo un trabajo de rutina y obteniendo un bajo salario, no es que no tenga la capacidad de elevarse más alto, sino porque no ha descubierto las posibilidades que podría obtener de su tiempo libre.

Charles M. Schwab quizá no tenía más capacidad, ni más oportunidad de surgir que los otros cientos de jóvenes que trabajaban con él en la planta Homestead, de Andrew Carnegie, cuando comenzó por un dólar al día. La razón por la que se convirtió en millonario y un rey en su campo, es porque vio la necesidad de obtener una mejor educación que la que había tenido la oportunidad de adquirir hasta entonces, y dedicó sus tardes y su tiempo libre a cubrir sus deficiencias, y en particular, a adquirir conocimientos especiales sobre hierro y acero.

Siempre estaba alerta a mejorar sus oportunidades, siempre preparándose para estar listo para ocupar posiciones superiores en caso de producirse una vacante.

Es por eso que su ascenso fue tan rápido, y por qué es hoy uno de los hombres de negocios más ricos y más destacados en su campo en el mundo, mientras que nunca hemos escuchado de sus primeros compañeros de trabajo, aquellos que prefirieron pasar "un buen rato" en vez de usar su tiempo libre para mejorar.

Hablando de aquellos primeros días en que comenzaba a llamar la atención en las compañías de Carnegie, el señor Schwab, dijo: "En ese tiempo la ciencia comenzó a jugar un papel importante en la fabricación de acero. Mi salario a la edad de veintiún años me permitió casarme, así que tenía casa propia. Creo en el matrimonio a edad temprana, por regla general. En mi propia casa improvisé un laboratorio y estudié química en las noches, determinado a que no hubiese nada sobre la fabricación de acero que yo no supiese. Aunque no había recibido educación técnica alguna, me hice un maestro de la química y del laboratorio, que resultó tener un valor duradero.

"El punto que quiero destacar", continuó, "es que mi trabajo experimental no estaba en la línea de "mis deberes", pero me dio un mayor conocimiento. El logro es posible al hombre que hace algo más que sólo su deber, pues esto atrae la atención de sus superiores, que lo ven como alguien que se está equipando para avanzar. Un empleador escoge a sus asistentes entre los mejor informados, los más competente, los más conscientes".

"Uno está tan cansado después de un día de trabajo que no tiene ganas de estudiar." Esta es una excusa frecuentemente usada por los jóvenes cuando se les recuerda que no están haciendo nada para progresar. Es sólo la excusa de aquellos que son demasiado perezosos para trabajar por lo que quieren, o que carecen de la ambición de ascender.

Es bien sabido que un cambio de ocupación nocturna, -el poner en juego un conjunto diferente de músculos, tejidos cerebrales, ideas y pensamientos, por lo general descansa en lugar de cansarlo más a uno. Por supuesto, todo el mundo debería dedicar una cantidad adecuada de tiempo para recreación, ejercicio y descanso; pero a menudo las personas que dicen que están demasiado cansadas para estudiar por la noche, gastan más energía en tonta disipación o perdiendo el tiempo sin rumbo haciendo nada, que la que gastarían leyendo o estudiando.

Hace poco tiempo leí de una joven maestra de escuela que aprendió seis o siete idiomas en su tiempo libre, y que logró, ganando dinero extra en las noches enseñando a alumnos privados, ahorrar suficiente dinero para ir a Europa y perfeccionar estos idiomas.

El disfrute y la amplitud de la cultura que obtuvo de sus viajes en los diferentes países europeos han sido una gran recompensa por los sacrificios que hizo; pero ella obtuvo mucho más que eso, porque avanzó rápidamente en su profesión, y ahora es instructora de francés, alemán e italiano en una escuela secundaria para niñas.

Ruskin dice: "Todo el período de la juventud, es esencialmente de formación, edificación, educación. No hay una hora de la misma que no esté pululando con destinos... Pero una vez pasada, lo que se tenía que hacer ya no puede ser hecho de nuevo, como no se puede dar el golpe que no se dio en el momento indicado, al hierro ya frío".

Millones de destituidos se lamentan hoy por la pérdida de las oportunidades doradas que dejaron ir en su juventud, las noches y días de descanso que desperdiciaron, cuando podrían haber estado sentando las bases para un futuro feliz y exitoso. Pero uno no puede comerse el pastel y a la vez conservarlo, y ahora sienten que es demasiado tarde para rectificar. Sienten que no tienen nada que esperar salvo una vejez de pobreza y amargos lamentos.

No hay magia que puede dar a un joven un futuro dorado, cuando está alimentando sus "hoy" con trabajo descuidado y mal hecho, y horas perdidas.

La ambición, coraje, industria, vitalidad, energía, iniciativa, y exhaustividad que uno pone en el trabajo diario, y la perseverancia en el mejoramiento de sí mismo en el tiempo libre, son los ingredientes que garantizan la construcción de un futuro dorado; que le traerán riqueza, conocimiento, sabiduría, poder, fama - lo que sea que usted haya establecido en su corazón.

"Créame", dijo el gran estadista Inglés, William E. Gladstone, "cuando le digo que el buen uso del tiempo se lo pagará después la vida con ganancias de usura más allá de sus sueños más optimistas; y que desperdiciarlo igual le hará menguar en estatura intelectual y moral más allá de su cálculo más oscuro".

La forma en que usaron su tiempo libre ha hecho toda la diferencia entre la mediocridad y el gran logro en decenas de miles de hombres y mujeres, que fueron lo suficientemente inteligentes en su juventud para conocer el incalculable valor de su tiempo en oportunidades y posibilidades, el mismo que otros desperdiciaban temerariamente.

Si alguien ofreciese comprar un porcentaje de su energía vital, creo que usted no lo vendería ni por una suma fabulosa, pues sabe que es esto lo que le da la oportunidad de progresar y hacer de su vida una obra de arte. Por eso, naturalmente, no se desharía de él. Alegaría que no puede permitirse el lujo de vender esa energía o poder -su derecho de nacimiento en el que se envuelve todo su destino, su entusiasmo, su pasión, su carrera, su ambición.

Pero, ¿se da cuenta que eso es lo que está haciendo al permitir que su activo más preciado para el éxito, su tiempo, se escape en todo tipo de fugas, en puro ocio, en disipación, en placeres tontos y superficiales, o peor, en placeres que matan su autoestima y hacen que al día siguiente se odie a sí mismo?

Si desea tener éxito en cualquier forma adecuada, de una manera acorde con sus posibilidades, no sólo debe eliminar las fugas de tiempo, sino reparar cada fuga en el sistema mental y físico, y detener todo desgaste de energía que no sea para prepararlo mejor; para hacer de su vida ese gran éxito que es posible lograr.

Frecuentemente se nos recuerda el valor del tiempo con la expresión: "El Tiempo es dinero." Pero el Tiempo es más que dinero, es la vida misma, porque cada momento cuando se va, se lleva consigo una parte de nuestra vida. El Tiempo es oportunidad. El Tiempo representa nuestro capital de éxito, nuestras posibilidades de logro. Todo lo que esperamos, todo lo que soñamos lograr depende de él.

"Tras de que la vida es corta", dijo Victor Hugo, "la acortamos aún más desperdiciando el tiempo con descuido."

Yo aconsejaría a todo joven que se inicia en la vida poner esa frase en la pared de su dormitorio, y sobre su escritorio o mesa de trabajo, donde constantemente le recuerden las inmensas posibilidades almacenadas en los minutos y horas de cada día.

Si al principio de su carrera usted resuelve aprovechar bien cada día y vive de acuerdo con esta resolución, nada puede evitar que sea un hombre o una mujer de éxito, un personaje extraordinario. Usted es el arquitecto de su destino, el amo de su destino, y en estos momentos está dando forma a su futuro.

Cada día es un paso más cerca o más lejos de la meta de su ambición. Las preciosas horas de la juventud son invaluables. La realización de todos sus sueños vive en ellas.

De vez en cuando me llegan cartas de jóvenes deplorando el hecho de que les es imposible asistir a la escuela o la universidad. Dicen que tienen que trabajar para ganarse la vida, y que, por lo tanto, no tienen la oportunidad de adquirir una educación. Pero no piensan que muchos de los hombres y mujeres más destacados del mundo han sido autodidactas. No quiero decir que trabajaron por asistir a la escuela o la universidad, sino que adquirieron una educación en su sentido más amplio y mejor, por su propio esfuerzo, aún con poca o ninguna escolaridad.

Usted que se queja de no tener oportunidad de obtener una educación, y por lo tanto, de no tener oportunidad de hacer algo que vale la pena, lea la vida de hombres y mujeres que se elevaron a sí mismos a posiciones de poder a través de la auto-educación; biografías como las de Franklin, Lincoln , Greeley, Garfield, personas de todas las naciones que salieron de la pobreza más extrema, y que por pura fuerza de voluntad y mediante el uso racional de todos sus ratos libres se elevaron a sí mismos hasta las más altas esferas de la vida, a los puestos de gran poder, honor y riqueza.

Como Hamilton W. Mabie dijo:

"Una de las cualidades principales de un hombre o mujer de fuerza y capacidad es su clara comprensión de lo que puede hacer con el tiempo y las herramientas a su disposición. Un hombre o mujer así no pierde el tiempo en sueños vacíos sobre qué haría si pudiera ir a la universidad, o viajar, o disponer de largos períodos de tiempo sin interrupciones.

No se evade pensando en que no tiene "ninguna posibilidad" para su carrera, sólo por estar detrás de condiciones adversas. Si las condiciones son adversas, se pone delante de ellas, y así se aleja de ellas. La pregunta a responder no es lo ¿qué haría si tuviera los medios, el tiempo, la influencia y las oportunidades educativas? La pregunta es ¿qué va a hacer con lo que tiene?

El momento en que un joven deja de sólo soñar y de lamentar su falta de oportunidades, mira resueltamente sus condiciones en la cara, y resuelve cambiarlas, pone la primera piedra de un éxito sólido y honorable".

No importa cuán limitado su tiempo, o cuan exigente su trabajo diario, usted puede entrenar tanto su mente y cultivarse con la lectura y el estudio en sus ratos libres, que puede, si quiere, convertirse en un hombre o una mujer educada, con un perspectiva mucho más amplia de la vida y una capacidad infinitamente mayor de generar ingresos, que el hombre o la mujer sin educación.

Andrew Carnegie, el joven escocés, por ejemplo, sólo tenía una educación escolar elemental al principio, pero leyendo y estudiando en sus momentos de ocio adquirió la cultura que fructificó en varios libros y numerosos artículos en revistas sobre temas de interés mundial, por no hablar de sus logros en negocios y la inmensa fortuna que adquirió.

George Stephenson, inventor de la locomotora, se apoderó de todos sus momentos de ocio como si fuesen oro. Se educó e hizo mucho de su mejor trabajo durante su tiempo libre. Aprendió a leer y escribir en una escuela nocturna, y estudió aritmética durante los turnos nocturnos cuando era asistente de bombero en una mina de carbón.

La vida y el trabajo de multitud de benefactores del mundo demuestran que no importan las inversiones que un hombre pueda hacer en la vida, ninguna es tan satisfactoria como la auto-inversión —el transformar momentos de ocio en conocimiento y poder.

Cuanto más grande sea el individuo, mayor valor pone en el tiempo. Lo considera un gran activo, el capital más valioso, que puede enriquecer la vida. Ya sea que su ambición sea adquirir una fortuna o lograr el éxito en otra dirección, sabe que todo depende de lo que hace con su tiempo libre.

Las naturalezas débiles, por otro lado, nunca consideran el tiempo como un bien preciado, y nunca quieren pagar el precio que las naturalezas fuertes están dispuestas a pagar para hacer que sus sueños se hagan realidad. No pueden resistir la tentación del placer en aras de su ambición. No practican más frugalidad en el uso de su tiempo que lo que practican en el uso de su dinero. Pierden un montón de tiempo sin darse cuenta que al hacerlo están matando sus perspectivas, matando su futuro, matándose a sí mismos.

"Voy a hacer que este día valga la pena!" sería un espléndido lema diario para que todos nosotros adoptáramos.

Cuando se despierte por la mañana, cuando empiece a trabajar, y muchas veces durante el día, dígase a sí mismo:

"Haré que este día valga la pena. No pasará a la historia de mi vida como tiempo medio perdido o no usado de la mejor manera.

No importa si me siento de humor o no, voy a hacer que este día cuente. Voy a hacer que se destaque en mi vida como un día memorable, uno en el cual mi trabajo fue eficaz y eficiente."

Si hace esto todos los días se sorprenderá por el maravilloso efecto que tendrá sobre toda su vida. Se elevará hasta el punto más alto de su posible eficacia y eficiencia. Significará todo para usted, tanto en carácter como en beneficios financieros.

Alguien dijo: "Todo ese tiempo perdido que podría emplearse mejor..."

Si todos entendiéramos la verdad de esto, habría más éxito y menos fracasos en la vida. Cada uno de nosotros tiene el mismo número de horas en su día, el mismo número de días en el año, y la principal diferencia entre el éxito y el fracaso reside en el uso que se le dé a esas horas y días. Dado el mismo entorno, las mismas posibilidades de éxito, un joven se elevará a la fama y la fortuna por el uso correcto del mismo tiempo que otro derrocha imprudentemente.

Es lo que invertimos en el momento que pasa, sólo eso y nada más, lo que conforma toda la vida, todo el carácter, todo el éxito.

La cosecha de nuestros mañanas será como la semilla que sembramos hoy. Si no sembramos en el momento presente la calidad que esperamos cosechar en nuestro éxito, en nuestro carácter, en nuestra vida como un todo, no va a estar allí. Si no hay energía, vitalidad, coraje, iniciativa, industria, alta calidad de trabajo en el hoy, los resultados de esto no podrán aparecer en el futuro.

Es la ambición diaria que comienza cada mañana con el firme propósito de no dejar que las horas se deslicen por los dedos hasta que uno no haya arrancado hasta la última de sus posibilidades, lo que hace un día exitoso. Y es la acumulación de éxitos diarios lo que crea el gran éxito en la vida, lo que nos permite realizar nuestros ambiciosos sueños de niños.

19.
La persona positiva Versus la persona negativa

La mente negativa nunca llega a ninguna parte, porque sólo puede destruir, derribar.

Es muy fácil desarrollar un estado de ánimo negativo, y es fatal para el éxito. Hay que deshacerse de él antes de que podamos atraer la prosperidad o desarrollar eficiencia.

No podemos actuar de forma negativa sin obtener resultados negativos.

En la carrera de la vida, el hombre vacilante, por fuerte que sea en otros aspectos, siempre es hecho a un lado por el hombre determinado, decidido, positivo, que sabe lo que quiere hacer, y lo hace. Incluso los cerebros deben dar paso a la decisión.

Aunque a veces salga mal, es mejor decidir positivamente y llevar a cabo la decisión con energía, que colgar siempre de la cuerda floja, contemplando, y postergando.

Cada decisión importante implica dejar ir de algo, y cuanto más se intenta alejarse de la dificultad, y más se piensa en lo que se debe decidir, más se enreda toda la situación.

No sólo es necesario mantener su mente positiva. Para ser inmune a todos los enemigos de la prosperidad y la felicidad, se debe ser vigorosamente positivo.

Es la mentalidad positiva y vigorosa que hace cosas, que hace que las cosas se muevan. El carácter negativo siempre es un debilucho, un don nadie, que sigue en el camino trillado.

Si tan sólo pudiéramos aprender siempre a hablar y pensar de manera decisiva, de manera constructiva, ¡que civilización tan maravillosa sería esta! Es la mente fuerte, optimista, que espera cosas buenas, la mente de fe, de esperanza y confianza, que cree en el bien, la que atrae lo bueno.

La mente del pesimista atrae resultados pesimistas.

Si usted no aprende a decidir con firmeza y finalidad y luego actuar sobre su decisión, y si vacila, pierde el tiempo y permite que circunstancias conflictivas lo lleven de un lado al otro, el barco de su vida estará siempre a la deriva y nunca anclará. Siempre estará a merced de las tormentas y tempestades, y nunca llegará al puerto de la prosperidad.

Cuando un joven me pide mi opinión sobre sus posibilidades de éxito en la vida, trato de averiguar algo acerca de su capacidad de decisión. Si es capaz de decidir rápidamente, con firmeza, y, con finalidad, estoy seguro de que triunfará. No hay otra cualidad que juegue un papel tan importante, sobre todo en las carreras de negocios, que la capacidad de decidir las cosas sabiamente, de forma rápida, con firmeza, y con finalidad.

El hombre que está hecho de material ganador no duda ni pierde el tiempo ni vacila ni se tambalea en la cerca. ¡Salta de una vez y ataca lo más difícil primero, y sigue adelante!

Voltaire nos dice que la vacilación es la característica más destacada de la debilidad de carácter.

Lo que obtenemos de la vida no lo obtenemos por la fuerza física, sino por el poder sutil de la atracción mental. Lo traemos a nosotros haciendo nuestras mentes imanes para atraerlo desde el gran depósito cósmico de inteligencia. Del gran océano de la provisión que nos rodea atraemos las cosas con las que nuestra actitud mental tiene afinidad. Algunos atraen éxito, otros, fracaso; algunos atraen opulencia y abundancia, otros, pobreza y carencia. Todo depende de la diferencia en el pensamiento, si es positivo o negativo, constructivo o destructivo. Los pensamientos negativos desmagnetizan la mente, de manera que atrae todo lo contrario de lo que queremos.

Las personas que caminan pesadamente a lo largo de la mediocridad, o que fracasan en la vida, podrían tener una vida meritoria si pudieran mantener fuera de sus mentes las cosas que las hacen negativas. Su estado de ánimo de desaliento y sus pensamientos enemigos, -dudas, temores, preocupaciones, incertidumbre, y falta de confianza en sí mismos- matan el poder creativo de la mente y la hacen negativa. La mente negativa nunca llega a ninguna parte. Es la mente positiva la que irradia fuerza y se abre camino en el mundo. Una mente negativa sólo puede destruir, derribar.

Muchas personas piensan tanto en su incapacidad para salir adelante en el mundo, en su pobreza, en sus desgracias, que desarrollan un ambiente real de fracaso, se rodean de pensamientos destructivos y demoledores y de sugestiones desintegradoras, hasta que hacen imposible esa condición mental, esa actitud mental positiva que es la que crea y produce.

Estamos empezando a aprender que no sólo podemos controlar nuestros estados de ánimo y todos nuestros pensamientos, sino que también podemos controlar nuestro entorno, ya que nuestro entorno es en gran medida nuestros pensamientos, sentimientos, emociones y actitudes mentales objetivadas. Creamos nuestro propio mundo por nuestros pensamientos, por nuestros motivos.

Mientras usted mantenga su mente creativa y positiva, tendrá valor, iniciativa y buen juicio: será un productor.

Pero en el momento en que se desanime y deprima, su capacidad, su mente, se desmagnetiza, se vuelve negativa, y ya no es ni creadora ni productora. Sus decisiones se tambalean, su juicio se vuelve débil e incierto, todo su reino mental se desmoraliza.

Mantenga su mente positiva, y niéguese a admitir traidores como la duda, el desaliento, el temor o la preocupación. ¡Son sus enemigos mortales! Nunca podrá tener éxito mientras los admita. ¡Expúlselos! No les deje abiertas las puertas de su mente.

Dese a conocer como una persona de gran fe sobre todo en este mundo, crea que todo está bien con el mundo, porque Dios la hizo, Dios lo ordenó. Crea sólo en lo mejor. Viva el éxito, camine entre sus semejantes como si usted fuera exitoso, con aire victorioso y triunfante: muestre que está organizado para triunfar.

Nunca tema al fracaso, no lo visualice, no visualice pobreza ni le tenga horror, porque esto tiende a hacerse realidad y a mantenerlo lejos de las cosas que desea.

"¿De qué me sirve soñar con las maravillosas cosas que voy a hacer en el futuro? Eso no existe para para mí. No soy un genio. Debería contentarme con una carrera normal."

Estos pensamientos y afirmaciones negativas impregnan el ambiente de la mayoría de los hogares y enfrían el ardor juvenil de los niños con el resultado de que su ambición disminuye, sus ideales se marchitan, y al no tener grandes incentivos en la vida, caen en una rutina monótona; y caen muy por debajo del nivel que podrían haber alcanzado. Resulta criminal no corregir la tendencia a la negatividad en la mente de un niño. No es muy difícil cultivar hábitos positivos de pensamiento y de acción si se hace cuando el niño es pequeño. Con el adulto no es tan fácil, pero es posible.

Cuando anhela algo que es perfectamente legítimo que usted tenga, siembre su semilla de afirmación con la perfecta confianza de que florecerá.

Dígase a sí mismo:

"Dios no hace acepción de personas. Él es imparcial en el tratamiento de sus hijos. Todos tienen los mismos derechos, los mismos privilegios. Él me dará a través de mi propio esfuerzo lo que necesito, lo que pido. El más pobre y desgraciado tiene la misma cantidad de horas en su día que el magnate más rico y poderoso. Yo puedo hacer, y voy a hacer, lo que siempre he anhelado. Voy a ser lo que quiero ser. "

Haga lo que haga, no configure en su mente y en la de los demás, una imagen de sí mismo como una personalidad negativa, débil, ineficaz. Si está constantemente despreciándose a sí mismo, otras personas pensarán que hay una razón para ello, que usted no es digno, que hay algo en usted que ellos desconocen y que da base a ese juicio negativo. ¿Por qué otros no deberían pensar mezquinamente de usted, si usted es el primero que lo hace?

Si se conduce con una actitud mental negativa, su vida será negativa. No se puede actuar de forma negativa sin obtener resultados negativos. Las personas negativas no mandan vibraciones vigorosas y positivas. Son tan pasivos y tan susceptibles a influencias externas que sus mentes negativas recogen todas las vibraciones negativas cuando se cruzan con otras mentes negativas.

Es posible hacer nuestra mente tan vigorosamente positiva que, no importa cuántas corrientes contradictorias o vibraciones de mentes negativas o discordantes enfrentemos, no habrá respuesta. Seremos inmunes a todos los pensamientos negativos, podemos caminar a través de todo tipo de condiciones adversas sin responder, porque no vibramos en la frecuencia de los pensamientos negativos y las condiciones negativas, y podemos mantener un equilibrio positivo y robusto.

Vivir en el "pensamiento más fuerte" nos hace más fuertes. Las personas con una fuerte actitud mental positiva, las personas con una decisión fuerte y firme; las personas con gran fe, tienen una mentalidad mucho más fuerte que las mentes negativas, ya que habitualmente viven en una actitud mental más vigorosa, y esa actitud mental positiva favorece el crecimiento y el desarrollo mental.

Todos conocemos al hombre negativo, el hombre que no tiene ninguna opinión propia, que siempre está pidiendo consejos de otros y que depende de los demás.

El carácter negativo siempre es un debilucho. El hombre negativo en cualquier comunidad es el don nadie. Es la mentalidad positiva y vigorosa que hace cosas, que hace que las cosas se muevan, el que hace que las cosas pasen. Es el hombre positivo que hace lo que piensa, que se atreve a salir de la rutina y crea su propio camino, que se atreve a tener opiniones propias y se atreve a expresarlas: ese es el tipo de hombre que se gana el respeto y la confianza de la humanidad.

Muchos van por la vida haciendo cosas pequeñas, porque su pensamiento negativo paraliza la iniciativa. No se atreven a emprender nada importante. La mente negativa, el hombre que tiene miedo de actuar, que siempre está deliberando o vacilando, no logra mucho.

El líder siempre se caracteriza por cualidades positivas. Él gobierna por sus afirmaciones vigorosas. No hay nada negativo en él. El hombre positivo, el líder natural, siempre es firme; mientras que el hombre negativo se encoge, se borra a sí mismo, espera a que alguien tome la iniciativa.

Una de las vistas más patéticos en el mundo es el hombre que no tiene ninguna opinión propia, - el hombre sin columna vertebral, desaliñado, negativo, que nunca tiene una opinión propia, cuya única opinión es estar de acuerdo con la que otro expresa. Instintivamente despreciamos esos debiluchos, gente que nunca se opone a nosotros, que siempre dice "sí, sí" a todo lo que decimos.

Queremos líderes y creadores más que seguidores o imitadores. Tenemos suficiente y de sobra de gente dispuestos a recostarse en los demás. Queremos que nuestros jóvenes dependan de sí mismos. Queremos que sean educados y entrenados de manera que sus cualidades de liderazgo, su originalidad y su individualidad, sean destacadas y fortalecidas, no borradas.

Todo pensamiento negativo, todas actitud mental negativa, como el dudar de la propia capacidad, dudar de emprender cosas, el hábito de posponer esperando condiciones más favorables, y de reconsiderar las decisiones propias, son enemigos mortales de la iniciativa.

Si uno no cultiva una actitud mental positiva, tendrá una iniciativa débil, insípida, y la iniciativa es el oficial ejecutivo de las otras facultades. Es el líder del cerebro.

No olvide que la fuerza que lo proyectará al éxito y la prosperidad está dentro de usted. No mire a los demás para que lo empujen, para que le den un aventón o usen sus influencias. Sus recursos, sus activos, están justo dentro de usted, no están en ningún otro lugar.

Si a usted le paraliza la responsabilidad de decidir cosas, de iniciar cosas por su propia voluntad, entienda que si alguna vez quiere alcanzar algo en este mundo, primero debe estrangular este hábito. La única manera de hacer esto es formar el contra-hábito de comenzar cada mañana con la resolución de no permitirse vacilar ni esperar a que alguien más le muestre el camino. Es resolver que durante todo el día usted será un impulsor, un líder, no un remolque, esperando que alguien le diga qué hacer y cómo hacerlo; que va a tomar la iniciativa, comenzar cosas por sí mismo; hacer cosas sin pedir la opinión de todo el mundo.

Decídase a llevar una actitud mental positiva. Esto agudizará las facultades, las afilará, y hará que la mente se mantenga alerta y deseosa de oportunidades.

No sólo es necesario mantener su mente positiva: para ser inmune a todos los enemigos de su éxito y la felicidad debe ser *vigorosamente* positiva.

Cuando la mente está saturada de todo tipo de negación, con los pensamientos de enfermedad, de fracaso y pobreza, se hace crónicamente discordante, y se deteriora gradualmente.

Forme el hábito de hablar "hacia arriba", no "hacia abajo", de hablar de optimismo, no pesimismo. Elimine la crítica, la búsqueda de errores y la culpa de su vocabulario.

Uno de los primeros signos de deterioro en muchas mentes es la tendencia a ser negativo y a mantener una actitud mental beligerante, envidiosa, discordante, celosa. Esto es tan anormal como la melancolía crónica, la tristeza y el desaliento. Indica una condición anormal o enferma de la mente.

Trate de ver las cosas desde una gran perspectiva generosa, mantenga una conciencia de grandeza.

Muestre a todos que tiene una gran fe en la humanidad, en su propia vocación, y en sí mismo.

Resuelva mantener lo negativo fuera de su vida.

Usted es demasiado grande para los celos o la envidia, demasiado grande para preocuparse o estar ansioso acerca de su carrera, o acerca de su futuro.

Hacerse una fuerza positiva para todos y todo lo que se cruce en su camino en la vida, eso es lo que cuenta. Esta es la clave de la maestría, del éxito y la prosperidad

20.
Frugalidad² y Prosperidad

"Si quiere estar seguro de que está comenzando bien, empiece a ahorrar. El hábito de ahorrar dinero, además de fortalecer la voluntad, también mejora la energía.".

Theodore Roosevelt.

Haga un pacto con usted mismo para ahorrar una cierta cantidad cada semana de su salario.

La pequeña diferencia entre lo que ganamos y lo que gastamos es capital.

El ahorro es el amigo del hombre, el constructor de la civilización.

La práctica del ahorro no solo tiende a elevar la vida del individuo, y la vida de la nación, sino que sostiene y preserva el mayor bienestar de la raza humana.

Nada hace a un hombre de negocios tan absolutamente independiente como dinero en efectivo.

El hombre con el hábito de ahorrar en el banco rara vez es, él puede vivir sin usted, pero usted no puede vivir sin él."

La Frugalidad significa la gestión racional de lo que se tiene - dinero, tiempo, energía, oportunidades.

BENJAMIN FRANKLIN es uno de los ejemplos más inspiradores de lo que la práctica de la frugalidad puede hacer por el niño o niña pobre en esta tierra de oportunidades.

Hijo de un pobre jabonero, el niño decimoquinto en una familia de diecisiete, comenzó a la edad de diez años a ganarse la vida trabajando en el taller de su padre.

Desde estos humildes comienzos tuvo éxito, totalmente por sus propios esfuerzos, al convertirse en uno de los hombres más

---

² * *Thrift*, la palabra original, se traduce en adelante según el contexto como frugalidad, hábito de economizar y ahorro.

grandes del mundo - un patriota distinguido, científico, estadista, inventor, diplomático, filósofo, autor, y, por último pero no menos importante, un reconocido humorista.

Todo esto lo logró mediante la práctica de la frugalidad. Eso no quiere decir simplemente que fuera "económico" en materia financiera, o en el gasto sabio de sus ingresos, sino, también en el gasto sabio de su tiempo y sus esfuerzos en todos los asuntos de la vida. La frugalidad no sólo significó prudencia en los negocios y en el gastar dinero, sino, en la conservación de la salud, de la energía, del capital de vida, y el máximo desarrollo de todos sus recursos naturales.

Además de ser el más ahorrativo, Franklin era el más generoso de los hombres, y compartía hasta su último centavo con el que lo necesitaba. Una de sus máximas favoritas—una que literalmente vivía -era *"Dios ayuda a quienes se ayudan."* Y la primera lección para aquellos que se ayudan a sí mismos es aprender algo que se menciona continuamente- Frugalidad.

Encabezada por una imagen de Benjamín Franklin, el gran apóstol de ahorro, un calendario emitido por la YMCA (asociación de jóvenes) en Nueva York, tiene este lema - "Haga que su dinero tenga más significado". A continuación, da los "Diez mandamientos para la vida financiera de un joven."

1. - Trabaje y gane.

2. - Haga un presupuesto.

3. - Registre sus gastos.

4. - Tenga una cuenta bancaria.

5. - Tenga Seguro de Vida.

6. - Sea Dueño De Su Propia Casa.

7. - Haga un testamento.

8. - Pague sus cuentas puntualmente.

9. - Invierta en valores confiables.

10. Comparta con los demás.

Si usted "forja estos eslabones de éxito en su carácter", como sugiere el calendario, no sólo se desarrollara en un tipo de hombre o mujer vigoroso e independiente, sino que sentará las bases de una prosperidad duradera, satisfacción y la felicidad.

Todo hombre sabe que es más fácil ganar dinero que ahorrarlo, así que si hay algún eslabón de estos "Diez Mandamientos " al cual el asalariado, el hombre o mujer de escasos recursos, debe prestar especial atención, es el segundo, "hacer un presupuesto ".

Y aquí de nuevo la YMCA cubre una gran necesidad al suministrar "Un libro de presupuesto con conciencia", que muestra la mejor manera de planificar el gasto de sus ingresos, y cómo mantener una cuenta exacta de sus ingresos y gastos.

De Benjamín Franklin a Sir Thomas Lipton, miles de hombres de éxito en todos los ámbitos han dado testimonio del valor del ahorro, o la frugalidad, como constructor de riqueza y felicidad. Lipton dice que es "el primer gran principio de todo éxito. Crea independencia, da a un hombre joven presencia, lo llena de vigor, lo estimula con la energía adecuada, de hecho, le trae la mejor parte de cualquier éxito: felicidad y alegría. "

A menos que convierta en una regla inquebrantable el dejar a un lado, y ahorrar cierto porcentaje de sus ganancias cada semana, cada mes, usted nunca tendrá éxito en convertirse en un hombre o mujer independiente. Siempre estará a merced de las circunstancias. No importa lo pequeño que sea, o si tiene que privarse de ciertas cosas que cree necesitar, deje una porción de sus ganancias de lado cada año en el que sea absolutamente seguro.

Usted no sabe lo que esto podría significar para usted en caso de enfermedad, accidente o de alguna inesperada de emergencia, cuando un poco de dinero disponible puede ahorrarle grandes sufrimientos o la ruina financiera.

La sabia utilización de los ingresos, por pequeños que sean, implica los mismos principios que la inversión y el manejo del capital del hombre de negocios. Y el exitoso hombre de negocios lleva estos principios a todos sus asuntos, sus gastos personales y domésticos, así como los relacionados directamente a su negocio.

Incluso los multimillonarios tienen que ser ahorrativos o sus millones echarían alas.

En su pequeño libro "Tener éxito con lo que uno tiene,"(parte de nuestra colección en inglés) Charles M. Schwab, dice: "No hace mucho tiempo los gastos operativos de mi casa de Nueva York se volvieron exorbitantes. Llamé al mayordomo y le dije: 'George, hagamos un trato: te daré diez por ciento de los primeros mil dólares que ahorres en los gastos de la casa, el veinticinco por ciento de los segundos mil, y la mitad de los terceros mil. ¡Los gastos de la casa se redujeron a la mitad!"

Una vez envié a un entrevistador a preguntar a Marshall Field, entre otras cosas, cual consideraba él como el punto de inflexión de su carrera, y su respuesta fue: "Guardar los primeros cinco mil dólares que tuve, cuando pude muy bien haberlos gastado, pues fueron acumulados con mi modesto salario. Poseer esa suma, una vez que la tuve, me dio la capacidad de aprovechar las oportunidades. Ese considero que fue el punto de inflexión".

John Jacob Astor, el fundador de la fortuna Astor, dijo que si no hubiera sido por ahorrar sus primeros mil dólares podría haber terminado en un asilo de beneficencia.

¡Qué cosa más patética es ver, como lo hacemos a cada rato, hombres y mujeres bien educados, bien criados, personas con mucha capacidad, pero sin sentido del dinero, van sobre prácticamente sin nada delante de ellos, entre ellos y la necesidad, gastando todo a medida que avanzan!

¡Qué patética historia las organizaciones benéficas pueden contar sobre personas que han estado en mejores circunstancias, pero que han perdido su dinero, personas que nunca fueron sido capaces de ahorrar nada, de guardar nada, para un "día lluvioso o un día de invierno"!

¡Qué seguridad y sensación de protección obtenemos del saber que tenemos un "ahorrito", un poco de dinero guardado para el futuro, algo que se interponga entre nosotros y una posible emergencia o necesidad, no importa lo que nos pueda suceder!

Nadie puede sentirse cómodo y seguro si está viviendo apenas "de la mano a la boca". ¿Cuántas personas pobres en nuestras grandes ciudades son desposeídos constantemente, tirados a la calle, cuando enferma uno de los padres o algún otro miembro de la familia, porque no pueden pagar el alquiler, y esto es a menudo debido a la falta de la formación en los principios del ahorro y la sabia economía. Gente sin ninguna provisión para una emergencia, nada guardado para un *"día de invierno"*.

No simpatizo con la filosofía del "día de invierno" de muchos que viven con miedo y terror a ese día de necesidad, que ahorran tacañamente, pellizcándole a todo con una política mezquina. Estas personas crean ese "día de invierno" que están tratando de evitar. Hablo del sentido común, la precaución prudente, que permite guardar una provisión razonable para necesidades futuras, o accidentes, o casos de emergencia, como pérdidas por incendios o una inundación; o cualquier otra cosa que pueda poner en peligro la capacidad de generar ingresos,. Eso es lo que gana mi aprobación.

El hábito del ahorro, el hábito de la libreta de banco, es un indicativo de la ambición de escalar en el mundo. También es una indicación de muchas otras buenas cualidades de éxito. El hábito de la libreta de banco rara vez se encuentra en malas compañías.

El hábito del ahorro no sólo abre la puerta a la oportunidad, sino que es una salvaguardia contra nuestras propias debilidades, nuestra credulidad, la tendencia a dispersar nuestras ganancias y hacer el ridículo. El ahorro muy a menudo significa la salvación de un hombre. Significa cortar indulgencias o evitar hábitos viciosos. A menudo significa salud en lugar de disipación. Significa un cerebro claro en lugar de uno nublado e insensato.

Significa que un hombre tiene visión, previsión, inteligencia en planear y proveer para su futuro.

De hecho, el hábito de economizar, el hábito del ahorro, no sólo es una de las piedras angulares de una fortuna, sino también del carácter.

Theodore Roosevelt una vez dijo sabiamente: "Si quiere estar seguro de que está comenzando bien, empiece a ahorrar. El hábito de ahorrar dinero, además de fortalecer la voluntad, también mejora la energía."

El momento en que un joven comienza a poner a un lado dinero, de manera sistemática, para hacer inversiones sabias, se convierte en un hombre mayor. Comienza a tener una visión más amplia de la vida. Comienza a tener más confianza en sí mismo, en su capacidad, en su poder para asumir responsabilidades, para hacer su propio programa, para ser su propio jefe.

Al aprender temprano la lección de ahorro, ha dado el primer paso en el desarrollo de un carácter robusto, el tipo de carácter que distingue al mejor tipo de hombre hecho a sí mismo, el "Benjamín Franklin" de la raza humana.

Nada hará más por ayudar a un joven a obtener crédito y ganar la ayuda de personas de éxito que la reputación del ahorro, de tener el hábito de ahorro, -de tener algo por delante, algo ya sea en bonos del Estado, o en una póliza de seguro de vida, o en alguna otra inversión. Este ahorro eleva.

Un prominente empresario dice: "Deme al joven que ahorra, para hacer al hombre que vale la pena."

Si usted desea que sus sueños de un futuro próspero se hagan realidad; pacte consigo mismo ahorrar un porcentaje de su salario cada semana. No importa lo pequeño que sea, o si tiene que arreglárselas sin algunas cosas que cree necesitar, ponga parte de sus ganancias donde sea absolutamente seguro.

Esto puede significar riqueza en el futuro. Un poco de dinero disponible atrae oportunidades. He sabido de jóvenes que obtienen una magnífica oportunidad para iniciar un negocio por sí mismos con quinientos dólares, algunos con menos.

Más de una fortuna se ha iniciado con menos de mil dólares.

El dueño de cinco grandes tiendas en Nueva York me dijo que inició su actividad con trescientos dólares. Frank Woolworth, que construyó el gigantesco negocio de tiendas de ciento y diez centavos, comenzó con algo así como trescientos dólares propios, y un préstamo para llevarlo hasta quinientos dólares. Varias de sus primeras tiendas fracasaron, pero *ÉL NO FRACASÓ*. Tenía una idea y sus pequeñas ganancias le ayudaron a respaldar su idea y a hacer que sus sueños se hiciesen realidad.

El poder del dinero no suele ser apreciado por los hombres y mujeres jóvenes. Esta es una tierra de oportunidades y las buenas ocasiones están constantemente llegando a aquellos que tienen dinero disponible. ¿Con qué frecuencia oímos invocar como excusa para no haber aprovechado una oportunidad única de inversión, que "no tenía el dinero"? Muchos se han visto obligados a dejar pasar espléndidas oportunidades por esta misma falta. Grandes gangas en todas partes se ofrecen sólo a comparativamente pocos que tienen fondos de reserva o el efectivo listo para tomar esas espléndidas oportunidades.

Algunos de los hombres de negocios más astutos que conozco me dicen que no hay nada que pague tan bien, en el largo plazo, que tener dinero en el banco, listo para una emergencia, o listo para una oportunidad inesperada o un gran negocio. Saber que uno está preparado para cualquier emergencia ordinaria, que uno tiene dinero en efectivo para ayudarlo, da una gran sensación de seguridad

Nunca podemos saber cuándo una enfermedad o accidente puede afectar nuestra capacidad de generar ingresos, o cuando alguna emergencia imprevista nos haga una llamada inesperada. Al hombre ahorrativo nunca lo toman desprevenido.

Hay oportunidades de ahorro a todo nuestro alrededor. Las facilidades para ahorrar son incomparables y las recompensas son ciertas. Cuando tenemos un poco de dinero ahorrado, se nos despierta entusiasmo para añadir un poco más.

Es una sugestión perpetua que, cuando nos vemos tentados a gastar, tratemos de ahorrar. Es más fácil decir "No" cuando nos veamos inclinados a gastar tontamente o en cosas que no valen la pena. Nuestros ahorros son un estímulo constante, un tónico, un estimulante. Sus pequeños ahorros han evitado a muchos jóvenes caer en tentaciones que los podrían haber paralizado o arruinado.

La pequeña diferencia entre lo que ganamos y lo que gastamos es el capital. Un poco de dinero disponible permite a jóvenes que apenas inician un hogar, maravillosas posibilidades de comodidades, medios para obtener cultura y crecer.

Significa mejor material de lectura, mejores libros y periódicos.

Significa más adelante la universidad de los hijos, y protección en la vejez. Significa menos preocupaciones y menos ansiedad por el futuro, estar exentos del miedo a llegar a caer en necesidad, o que nuestros seres queridos puedan sufrir.

Puede significar un buen médico, un cirujano experto, en lugar de un chapucero si la enfermedad entrase en nuestra casa.

"Se me ha pedido", dice un gran hombre de negocios ", definir el verdadero secreto del éxito. Es la frugalidad en todas sus fases, y sobre todo, aquella que se aplica al ahorro.

El ahorro es el primer gran principio del éxito. Crea independencia, da al joven presencia, lo llena de vigor, lo estimula con la energía adecuada, de hecho, le trae la mejor parte de cualquier éxito: felicidad y alegría. "

¿Podría desear algo mejor que esto para su futuro?

¿YO SOY -?

Soy felicidad almacenada.

Señalo el camino a la paz, el poder y la abundancia. Libero de la ansiedad y la preocupación sobre el problema de vivir.

Soy amigo por igual de los ricos y los pobres.

Soy el sentido común aplicado a la vida en toda forma posible.

Soy una torre de fuerza en la juventud y un bastón en la vejez.

Aumento la esperanza, la confianza, la seguridad, la certeza respecto del futuro.

Fui uno de los principales factores de la victoria en la Primera Guerra Mundial.

Soy la mejor forma de seguro contra la pobreza y el fracaso.

Quito la sombra del asilo de caridad.

Creo salud, eficiencia, el más alto posible bienestar del individuo. Yo maté el temor al "día de invierno", de hecho acabo por completo con el "día de invierno".

Pongo la esperanza en el corazón del hombre, una luz en los ojos humanos que no estaba antes.

Pongo a las personas en condiciones de sacar provecho de todo tipo de oportunidades de inversión, de progreso; para aprovechar oportunidades que sin mí se perderían.

Significo los mejores médicos, los cirujanos más expertos, los mejores hospitales en caso de necesidad, así como los mejores centros de salud.

Hago posible una vacación necesaria, el descanso, la recreación y los viajes. Significo placer, vivir más con el arte y las cosas bellas del mundo.

Significo mejores oportunidades para sus hijos, mejores escuelas, mejor ropa, un ambiente más refinado, una mayor seguridad para su futuro.

Muestro cómo aprovechar los ingresos al máximo, como gastar el margen de la mejor manera, como hacer la inversión más sabias de su tiempo, su fuerza, su capacidad, así como de su dinero.

Soy amigo del hombre, constructor de la civilización. No sólo tiendo a realzar la vida del individuo, sino también la de la nación. Sostengo y preservo el mayor bienestar de la raza humana.

Salvaguardo el futuro, permito trabajar con confianza, mirar hacia arriba y no hacia abajo, elevarse por encima de su entorno.

Mantengo a miles fuera de la cárcel, y evito que cometan robos y otros delitos.

Puedo aumentar la confianza de los demás en los jóvenes luchadores, y añadir enormemente a su crédito.

Soy la mejor recomendación de un empleado, porque pertenezco a una familia grande y excelente. Cada empleador sabe que el empleado que me cultiva tiene muchas otras excelentes cualidades como la honestidad, el rigor, la ambición, la confiabilidad, la previsión, la prudencia.

Soy un símbolo del carácter, de la estabilidad, del auto-control, una prueba de que el hombre no es una víctima de sus apetitos y debilidades, sino su amo.

A menudo soy el salvador de un hombre, eliminando indulgencias y hábitos viciosos, dando la salud en vez de disipación y asegurando un cerebro claro en lugar de uno nublado y aturdido.

Soy el enemigo de la gran maldición de la humanidad - la deuda - que destruye multitud de hogares, causa de divorcio, destruye el amor, y destruye toda tranquilidad.

Soy el que ayuda a un hombre a levantar la cabeza por encima de la multitud, a ser independientes, autosuficiente, y para ser algo en el mundo.

Multitudes de familias están sin hogar, sin dinero, y soportan todo tipo de penurias, privaciones y humillaciones porque los esposos y padres nunca me hicieron su socio.

El ejército del fracaso, hoy, es formado en gran parte por personas que nunca aprendieron a conocerme, que ridiculizaron la sugerencia de que me necesitaban, que más bien me miraban con desprecio como símbolo de mezquindad, tacañería, y por ser un enemigo de su gozo.

Soy el mejor amigo de la mujer. La hago una mejor mujer de negocios, un mejor ama de casa, una mejor esposa y madre, una mejor ciudadana. La ayudo a hacerse independiente, autosuficiente, y le enseño a mantenerse a ella misma.

No importa cómo se gane la vida, ya sea por el trabajo de su mano o de su cerebro, en un oficio o una profesión, en la casa o en la tienda, o si su ingreso es pequeño o grande, siempre se le colocará en desventaja, siempre correrá riesgos con su seguridad y felicidad futuras, a menos que me tenga como socio.

Incentivo la vida elevada, la vida sencilla y el pensamiento elevado. Insto a gastar hacia arriba, a vivir hacia arriba, habita en la honestidad, la sencillez, viviendo la vida que vale la pena, la vida verdadera, la vida que le dará la satisfacción duradera.

Soy el principio del éxito real, lo que pone una fundación bajo sus castillos en el aire, la que hace que sus sueños se hagan realidad, que construyo la "casa propia" que toda persona sana, ambiciosa, espera como culminación de su esperanzas.

YO SOY EL AHORRO.

21.

Lo que un hombre espere, así es él

Nunca podremos obtener más de nosotros mismos de lo que esperamos. Si esperamos cosas grandes, si tenemos la actitud mental de grandeza hacia el trabajo, hacia nuestra vida, vamos a obtener resultados mucho mayores que si nos depreciamos y sólo buscamos las pequeñas cosas.

El hábito de esperar grandes cosas exige lo mejor que hay en nosotros.

Nadie puede llegar a ser próspero, mientras que en realidad espera o medio espera seguir siendo pobre. Tenemos la tendencia a obtener lo que esperamos, y esperar poco significa conseguir poco.

Si pedimos pequeñas cosas, esperamos pequeñas cosas, limitamos nuestra provisión.

Hay un tremendo poder en el hábito de anticipar cosas buenas, de creer que vamos a lograr nuestra ambición, que nuestros sueños se harán realidad. Muchos detienen su éxito desde el arranque, anticipando cosas malas, esperando fracasar y que sus sueños nunca se harán realidad.

Cuando me gradué de una academia de New Hampshire mi mayor estímulo para continuar con mayores retos fue el hecho de que mi profesor favorito creyó en mí.

Me tomó la mano al despedirse, y mientras me decía adiós, me dijo: "Hijo mío, en el futuro espero escuchar de ti, que el mundo escuche de ti. No me decepciones. Creo en ti; veo algo en ti que creo que ni tú mismo ves."

Sólo hay algo más estimulante, más útil, en la lucha por el éxito, que saber que otros - nuestros maestros, nuestros padres, nuestros amigos y familiares-, creen en nosotros y esperan grandes cosas de nosotros; y eso es, esperar grandes cosas de nosotros mismos.

La diferencia entre lo que dos personas obtienen de la vida, lo que logran, y lo que representan para los demás, depende de la diferencia de lo que esperan de sí mismos.

Un general que entra en una batalla esperando ser derrotado será derrotado. Su expectativa de derrota se comunica a su ejército, que se desmoraliza desde el inicio, y hace que sea imposible para los hombres hacer lo mejor posible.

Es lo mismo en la batalla de la vida. Entrar a la vida con expectativa de derrota, es ser derrotado antes de empezar. Si usted desea tener éxito debe mostrar su confiada expectativa del éxito en su presencia. También debe vivir el día a día en el alma misma de la esperanza de las cosas maravillosas que vienen a usted

Trabajar por una cosa y esperar lo contrario puede traer un solo resultado -el fracaso. Cada vez que usted dice que "no espera ser nunca nada", ni conseguir nada, ni lograr nada que valga la pena, están neutralizando sus esfuerzos por ser o conseguir o hacer lo que usted quiere.

Nuestras expectativas deben corresponder con nuestro esfuerzo. Si estamos convencidos de que nunca vamos a ser realmente felices, que estamos destinados a avanzar con dificultad entre el descontento y la miseria, a sufrir toda la vida, tenderemos a conseguir lo que esperamos.

Ambicionar felicidad y, sin embargo, siempre esperar ser miserable, dudar continuamente de nuestra capacidad para conseguir lo que anhelamos, sea lo que sea, es como subirse a un tren que va hacia el Este cuando queremos ir hacia el Oeste.

Debemos esperar a ir en la dirección de nuestro deseo, de nuestro anhelo y esfuerzo. Si desea tener éxito en lo que está tratando de ser o hacer, debe dar la espalda al fracaso, borrar de su mente todo pensamiento, toda imagen, toda sugerencia de fracaso, y dirigirse hacia el éxito.

Cuando, a través de una serie de reveses y decepciones, alguien pierde el control sobre sí mismo, y se convence de que no puede levantarse; cuando no espera nada sino fracaso, sólo hay una cosa que se puede hacer por él: tratar de despertar su esperanza, restaurar su fe perdida, demostrarle que, siendo divino, hay algo en él que no puede fracasar, que él y su Creador son uno, y que, trabajando juntos, son mayoría en cualquier situación.

Acabo de recibir algunos manuscritos acompañados de una carta, en la que el escritor dice: "Sé que esto no es nada como sus artículos, pues se que jamás podría escribir como usted no importa cuanto lo intentase. Ni siquiera esperaría que los publique, simplemente pensé en enviárselos por la remota posibilidad de que tal vez usted quiera publicarlos."

Ahora bien, desde el principio, este escritor me predispuso contra sus artículos por su auto-expresada inferioridad y la sugerencia de que no valía la pena publicarlos y de que yo probablemente se los devolvería.

Es como si un joven comenzara a buscar un trabajo descorazonado, con el desánimo en la cara y en todas sus acciones, y le dijera a un posible empleador: "No creo que me usted me contrate; no esperaba tener suerte cuando vine, pero dije, ni modo, voy a tratar. No tengo mucha confianza en mí mismo, y no sé si puedo trabajar en este campo. Dudo mucho de que yo le convenga. Aun así, daría mi mejor esfuerzo si me da una oportunidad, aunque no creo que lo haga, ¡nunca tengo suerte cuando busco trabajo!".

Esto puede sonar ridículo, pero expresa la actitud mental que muchos tienen hacia lo que anhelan y tratan de alcanzar. Nunca esperan tener éxito en todo lo que emprenden, ni esperan tener una vida cómoda, para no hablar de tener los lujos y refinamientos de la vida. Sólo esperan fracaso y pobreza, y no entienden que esta expectativa aumenta la potencia de su imán mental para atraer estas cosas, a pesar de que están tratando de alejarlas de ellos.

Hace poco estuve hablando con un hombre que es un buen ejemplo de lo que esta actitud mental nos hace. Me dijo que durante muchos años había estado trabajando muy duro, sin vacaciones, sin menguar en sus esfuerzos, trabajó feriados y la mayoría de los domingos, y sin embargo nunca había llegado a ninguna parte -y nunca esperaba lograr nada-, pues de hecho, las cosas parecían estar en una conspiración para defraudarlo y derrotarlo.

"Por supuesto que no has tenido éxito, mi amigo, porque nunca has esperado tenerlo", me dije. "Por otra parte, nunca te diste una oportunidad. Pegando la nariz al moledor todo este tiempo, temiendo y esperando pobreza, fracaso, desilusión, limitación, derrota en todo, te ha hecho un imán para estas cosas y te ha absorbido en una rutina de fracaso. "

No necesariamente obtenemos lo que trabajamos por obtener; lo que nos llega es lo que *esperamos*.

Lo que usted teme, así como lo que anhela, es lo que se dirige hacia usted. Todos sus miedos, sus dudas, sus pensamientos de fracaso están tomando forma en su vida, moldeando condiciones en su semejanza, y no importa lo duro que usted trabaje por lo que quiere, si se mantiene constantemente en su mente pensamientos negativos y de desaliento, si espera fracaso en lugar de éxito, el mal en lugar del bien, es lo que usted espera lo que vendrá a usted.

En otras palabras, su pensamiento es la fuerza creativa que moldea y determina las condiciones de su vida.

"Debe tener las aves en su corazón, señora, antes de que usted puede verlas en los arbustos", dijo John Burroughs, el gran naturalista, a una mujer que se quejó de que ningún ave llegaba a su huerto, mientras que él pudo contar más de veinte allí, incluso mientras ella se quejaba.

Es lo que tiene en su corazón, lo que cree que se manifestará, lo que viene a su vida. No puede lograr nada grande en este mundo aquel que cree que se le hizo para cosas pequeñas y está satisfecho con una situación de inferioridad, sin esperanza de ser otra cosa que un vasallo toda su vida.

Por otro lado, aquel que espera grandes cosas de si está constantemente tratando de abrir un poco más las puertas de su estrecha vida, para extender su conocimiento limitado, para llegar un poco más alto, para ir un poco más allá de los que le rodean .

Él tiene bastante de la disposición divina que lo estimula a esfuerzos más nobles; tiene una ambición inextinguible para sacar el máximo de sí mismo.

No importa cuáles sean las condiciones de su nacimiento, es usted el que da forma a su carrera, y diseña su vida para la felicidad o infelicidad, para el éxito o el fracaso.

Es cierto de todos los hombres y mujeres que, "Ellos mismos son los hacedores de sí mismos."

Si quiere vivir la vida más grande, la vida feliz y útil, usted debe pensar en la vida más grande, debe ampliar su modelo de sí mismo y de sus posibilidades; debe esperar realizar su ideal de sí mismo y de las cosas que anhela, pues, lo que un hombre espera, así será su felicidad, así será su vida.

No importa lo que esté tratando de hacer, es la esperanza y la expectativa de éxito que nos da el temple para dar nuestro mayor esfuerzo, nos arma con la seguridad que obliga al éxito.

La mayor diferencia, por ejemplo, entre el mejor vendedor y uno mediocre es la diferencia en su actitud mental. "Derrotado antes de empezar", "No creía que iba a obtener el pedido," está escrito sobre la frente de algunos vendedores. Al tratar de obtener pedidos carecen de la esperanza, la expectativa de éxito, la seguridad y la confianza en sí mismos que presagian la victoria.

No conocen la psicología del arte de vender, que consiste en mantener la convicción del éxito siempre en la mente, y por eso se rinden ante la menor oposición.

Hay miles de vendedores de segunda categoría que tienen la capacidad suficiente para ser los mejores, pero que no consiguen resultados a causa de sus dudas y temores.

Ante cada pequeña objeción hecha por un prospecto, siguen pensando y diciéndose a sí mismos: "Ahí está, ya lo perdí, lo siento en mis huesos. Me encantaría poder obtener un pedido, pero es inútil, sé que no va a firmar". No se dan cuenta de que se están comunicando sus propias dudas y temores a sus prospectos. No hace falta ser una persona muy sensible para sentir el ambiente negativo y de fracaso, y la primera vez que pone sus ojos en uno de esos vendedores tímidos y llenos de dudas, el prospecto sabe que no está ante un ganador. En vez de victoria, ve derrota en su rostro, y si la derrota está dibujada en la cara de un hombre, no podrá ganar por mucha capacidad que tenga.

Su atmósfera de fracaso repele a todos con los que entra en contacto. Las mentes negativas no hacen grandes vendedores o ni gran otra cosa, porque no construyen, derriban. No son creativos, son destructivos. Van por la vida cerrando frente a ellos las mismas puertas que anhelan abrir, tirando con una mano del pomo de la puerta, y al mismo tiempo trabando con el pie de la duda la misma puerta que están tratando de abrir.

Si afirman su creencia de que hay cosas buenas para ellos, casi antes de que esto salga de sus labios neutralizan sus afirmaciones con sus dudas secretas. Dicen una cosa, pero esperan lo contrario, al igual que la mujer que oró al Señor para que quitara un montón de arena de su patio, y cuando terminó la oración abrió los ojos y dijo: "Ahí está todavía, yo sabía, ¡eso era justo lo que esperaba! ¡Sabía que el Señor no la quitaría!

Ese es el problema con la mayoría de nosotros. Oramos y trabajamos duro por cosas, y cuando no las conseguimos es "tal y como lo esperábamos." No obtuvimos lo que queríamos y anhelábamos porque no había fe ni creencia tras nuestros esfuerzos y oraciones.

¿Sabes lo que Santiago dice del hombre que duda, teme y no tiene fe? "Que no piense que recibirá cosa alguna del Señor."

Algunos no pueden entender cómo es que los hombres malos, crueles y brutales, hombres sin conciencia, a menudo tienen tanto éxito en sus negocios. Tienen éxito en el ejercicio de la ley mental de que pensamientos de cierto tipo producen resultados del mismo tipo. Esta ley funciona infaliblemente como lo hace cualquier ley física. No es ética, ni no ético. Es científica.

Es un principio inexorable, un hecho inmutable, que lo que tenemos constantemente en la mente en última instancia se hace realidad, en el cuerpo, en la vida, sea tanto en salud, éxito o felicidad.

Desconocer la ley no nos salva de las consecuencias de violarla, al igual que desconocer nuestras leyes estatales o federales no nos libra de consecuencias en caso de quebrantarlas.

Es por esto que es tan importante que los niños sean entrenados en el pensamiento correcto desde el principio. Todos los niños deben ser criados a esperar grandes cosas de sí mismo: entender que el Creador los ha enviado aquí en una misión importante, y que deben prepararse para una vida de logros.

Como hijo de la Omnipotencia, del Todo-Provisión, el hombre es heredero de todo lo que esto significa; salud, éxito y felicidad son su divino derecho de nacimiento; por eso todo niño debe crecer con la convicción de que las cosas buenas (no lo malo), los están esperando; que los anhelos de su corazón; los anhelos de su alma, son profecías de lo que pueden llegar a ser si hacen su parte preparándose exhaustivamente para su trabajo de vida.

¿Usted comprende que su entorno actual, sus logros, y su pobreza o prosperidad son, realmente, producto de sus expectativas del pasado, lo que esperaba de sí mismo hace años, cuando empezó en su vida?

Si usted ha sido fiel a su visión de un futuro de éxito, y ha respaldado su fe, su capacidad, con trabajo duro y esfuerzo inteligente, usted ha trabajado en armonía con la ley y está cosechando los frutos de su pensamiento y esfuerzo. Pero, si, por el contrario, se encuentras azotado por pobreza o carencia, usted ha violado la ley, y su única esperanza de mejorar su condición, es darse la vuelta y comenzar a caminar en la otra dirección. ¡Trabaje con la ley, no en contra de ella! Trabaje por lo que quiere, pero trabaje con confianza, con esperanza, con la creencia de que lo conseguirá.

Espere ser feliz; espere tener éxito; espere ganar en sus empresas; espere salud, no enfermedad; espera buena suerte en vez de mala; espere armonía en lugar de discordia y problemas; espere hacer amigos donde quiera que vaya; espere que la gente piense bien de usted, que usted represente algo en su comunidad... Así, usted estará estableciendo relaciones con las cosas que quiere y trabaja por lograr... Así las atraerá a usted, porque como un hombre o una mujer esperan, así son ellos, así tienen ellos.

22.
Sí, se lo puede permitir

Las personas que siempre están temiendo el futuro, que siempre ven rocas, bancos de arena, y todo tipo de arrecifes y peligros por delante, que están siempre preparándose para el "día de invierno", no sólo atraen las mismas cosas que temen, sino que también pierden toda la alegría y el gozo de vivir.

Nunca pasará de ser un mendigo mientras alguien tenga pensamientos de miseria; ni dejará de ser pobre mientras piense pobreza y fracaso; mientras sostenga pensamientos de fracaso.

Entrénese persistentemente para alejarse de pensamientos de limitación, alejarse de pensamientos de carencia, de miseria, de limitada provisión. Pensando en abundancia, y desafiando la limitación, abrirá su mente y establecerá sus corrientes de pensamiento hacia una provisión muy superior.

Cuando aprendemos el arte de ver opulencia, en lugar de mezquindad, cuando aprendemos a pensar sin límites, cómo no estrecharnos por pensamientos limitantes, veremos que aquello que buscamos también nos busca, y que mañana se encontrará con nosotros a mitad de camino.

Usted no hereda pobreza, ni miseria, ni limitaciones humillantes. La carencia y la necesidad no tienen nada que ver con los hijos de Dios. Su herencia es rica, sublime más allá de toda descripción.

¿Sabe que cada vez que dice "no puedo permitirme esto, esas cosas son para los demás, no para mí", o "He sido pobre y tuve que negarme a mí mismo cosas toda mi vida, y mi expectativa es que siempre sea así", está cerrando las puertas a la prosperidad?

Si desea prosperidad y abundancia debe descartar para siempre de su mente ese pensamiento de no-me-lo-puedo-permitir, el pensamiento de que "no puede pagar" todo lo que es bueno para usted, todo lo que contribuye al crecimiento o más alto desarrollo posible del hombre o la mujer. Es su derecho de nacimiento tener estas cosas; le pertenecen por herencia divina, y debe reclamarlos.

El Creador quería que sus hijos tuvieran abundancia -lo mejor de todo lo bueno para ellos, de lo que contribuya a su crecimiento, a la extensión de su carácter y a su felicidad-.

La idea de que la riqueza es posible sólo para aquellos con atributos superiores, más capacidad, o aquellos que han sido favorecidos por el destino, es falsa y desmoralizante. El Creador dio al hombre el dominio sobre un mundo lleno de riquezas para todos, no para unos pocos "favorecidos". Si afirmamos nuestra herencia y trabajamos en armonía con sus leyes tendremos la abundancia y la felicidad que Él quería que tuviésemos. ¡Seremos éxitos gloriosos! No está en nuestra naturaleza que seamos pobres, sino en nuestra mezquina estimación de nosotros y nuestros poderes.

Para mí, una de las cosas más lamentables en el mundo es una familia donde los padres, a través de ideas equivocadas sobre el ahorro, no pueden criar a sus hijos con generosidad, y se niegan a proporcionarles el alimento mental, el cambio, la variedad, la diversión, que son tan necesarios para su mayor desarrollo posible.

¿Cuántos padres, por temor a necesidades futuras, guardan su dinero y mal nutren las mentes de sus hijos, impiden su crecimiento, por lo que se convierten en seres humanos empequeñecidos en lugar de las personalidades excelentes que podrían haber sido si los padres habían hecho un esfuerzo generoso en su educación, en el desarrollo de su crecimiento mental?

La gente a menudo se ve obligada a ir por la vida exhibiendo una ignorancia deplorable y muchas veces se les culpa por esto, cuando son sus padres los que tienen la culpa. Nunca dieron a los niños la nutrición, el alimento mental necesario para desarrollar sus mayores cualidades, sus mayores posibilidades.

Están obligados a avanzar laboriosamente en la mediocridad, en lo que a mentalidad y personalidad se refiere, porque nunca tuvieron una oportunidad justa. Su capacidad, su cerebro, no fue respaldado con la preparación adecuada para lograr esa mejor vida que era posible.

Muchos de estos padres, la mayoría quizá, tenían toda la intención de ser generosos con sus hijos. Sin embargo, el hábito del ahorrar, el temor de llegar a necesitar, con el tiempo se convierte en una codicia que estrangula, empequeñece, y arruina, que los hace aplazar año con año un privilegio y deber presente.

No pusieron el énfasis en lo correcto, en detrimento de toda la vida de los seres que amaban más que a nada en el mundo.

La verdadera frugalidad no significa tacañería ni mezquindad. No es ni extravagancia ni mezquindad. Significa gasto prudente, un gasto que trae los mejores resultados. Es estar bien con nosotros mismos, en la forma más grande y científica que sea posible. Significa que siempre debemos tener lo mejor que nos podemos permitir cuando tenga relación con nuestra salud física y mental, nuestro crecimiento en eficiencia y poder. A menudo significa gastar de una forma muy liberal.

Es una protesta permanente en contra de poner el énfasis en la cosa equivocado. "La extravagancia conduce a la insubordinación y la excesiva frugalidad a la mezquindad," se nos dice.

No se engañes yendo por la vida usando cosas baratas, vistiendo ropa barata, mirándose desarreglado, y creyendo que está haciendo lo más inteligente. Recuerde que su aspecto determinará en gran medida su posición en la sociedad. El mundo nos acepta o rechaza por la evidencia de nuestra personalidad, por la impresión que dejamos.

La sensación de que usted no puede permitirse esto o no puede permitirse aquello; siempre pensando en lo barato, abarata su vida, abarata su mentalidad, la limita y la estrecha, empequeñece su personalidad y deja todo menos una impresión favorable.

Gastar de forma sabia, ahorrativa, y a menudo generosa en lo que nos ayuda para lograr lo que ambicionamos, dejará una buena impresión, asegura rápido reconocimiento y ayudará a nuestra promoción, y es a menudo una inversión infinitamente mejor que poner el dinero en el banco.

El secreto de la salud, del éxito y de la felicidad, es en gran parte ser bueno con uno mismo, ponerse a sí mismo en condición excelente, de manera que seamos capaces de lograr lo más grande posible, siempre dispuestos a aprovechar cualquier oportunidad que aparezca en el camino.

Cualquier cosa que impide a una persona lograr este apogeo de su eficiencia, es un pecado contra la verdadera frugalidad.

Todo joven debe comprometerse consigo mismo desde el principio, de que no tendrá nada que ver con la falsa economía que resulta en menor vitalidad o eficiencia; y que todo lo que tienda a reducir su poder, siquiera por una fracción pequeña, es mala economía y muy poco científica.

¿Cuál es una buena política en este sentido, que es igualmente buena para el hogar y para el negocio?

Más de una empresa ha fracasado porque el propietario estaba tan ocupado economizando peniques, apagando el gas y ahorrando y limitándose en las cosas pequeñas, que no prestaba atención a las cosas importantes. Por ahorrar una insignificancia aquí y allá, estaba perdiendo clientes y quedándose atrás en la carrera, por no poner suficiente dinero en su negocio para mantenerse al nivel de sus competidores. Mientras el propietario miope abraza sus teorías favoritas sobre como economizar y trata de ahorrar en las cosas pequeñas, las cosas grandes sufren cuando sólo un poco de gasto traería infinitamente mayor rentabilidad.

Gastar liberalmente es a menudo la mejor clase de economía de negocios. Gastar tiempo y energía en obtener ahorros insignificantes es a menudo la peor política de negocios. Para ganar dinero uno debe invertir dinero.

Algunos nunca salen del mundo de los centavos para entrar en el mundo de dólares. Trabajan tan duro para guardar centavos que pierden los dólares, así como un mayor crecimiento, experiencias más ricas y mejores oportunidades. "El hombre superior", dice Confucio, "*sólo se pone ansioso si no está recibiendo la verdad; no sufre ansiedad esperando que la pobreza caiga sobre él.*"

Multitudes de gente piensa demasiado en la pobreza y en "economizar". Viven la filosofía del "no puedo-permitírmelo", y continuamente sienten la presión de la idea del "día de invierno", que ha sido metida en sus oídos desde la infancia hasta que atrofia y empequeñece toda su vida.

Aquellos que no tienen dinero, no pueden, por supuesto, hacer siempre todo lo que contribuirá a su mayor comodidad y eficiencia. Pero mucha gente sobreestima el beneficio de ahorrar un dólar en comparación con su bienestar físico.

El Poder debe ser la meta de la máxima ambición. Cualquier cosa que agregue a nuestro Poder, a nuestro crecimiento, no importa cuánto cueste, si está dentro del alcance posible, vale la pena pagar su precio.

Todos hemos conocido a los hombres y mujeres "no-puedo-permitírmelo" que van por la vida limitándose y estrechándose. Los vemos parando en hoteles baratos o casas de huéspedes, viajando largas distancias en bus, llevando su almuerzo con ellos, rara vez o nunca compran un periódico, una revista o un libro ni invierten en nada que ensanchará su mente o enriquecerá su vida, poniendo todo el dinero que pueden exprimir de una forma muy pobre de vivir, sea en el banco o en otras inversiones.

Ellos posiblemente piensan que lo que ahorran va a ayudar a sus hijos; sin embargo, desde todo punto de vista, es una forma muy miope de economizar. Casi nunca he conocido un caso en que, ese dinero "exprimido" de las necesidades reales de la vida, fuese muy apreciado por los hijos que lo heredaron, para no hablar del efecto de empequeñecimiento, empobrecimiento, y hasta de envejecimiento, sobre aquellos que lo acumularon a través de ese "auto-sacrificio".

A menudo, estos ahorros dolorosamente logrados, realmente han ido en perjuicio de los jóvenes herederos, ya que les ha impedido aprovechar sus capacidades y desarrollar sus poderes de auto-confianza y vigor.

Muchas familias viven constantemente bajo la terrible influencia de una "conciencia avara", una consciencia de carencia y necesidad, la convicción de que las cosas buenas del mundo son para los demás, pero no para ellos.

Como resultado, nunca han sido capaces de manifestar otra cosa que carencia, necesidad y limitación. Multitudes de niños son criados en este ambiente de pobreza, y con el tiempo se convencen tanto de que "no se pueden permitir" las cosas que otros tienen, que nunca las tienen.

Su convicción de pobreza corta el suministro. Ellos piensan en pequeño, y por eso manifiestan pequeñez.

Pasarla bien con poco y estar medio satisfechos de seguir haciendo esto, por lo general significa que tendremos que pasarla bien con menos, ya que esta no es una actitud mental creativa, no es una actitud que atrae abundancia ni construye éxito.

La conciencia del "no-puedo-permitírmelo"; la consciencia del "puedo sin eso", lo acerca más y más al punto en el que de verdad, no se lo va a poder permitir, al igual que la consciencia del "SÍ, me lo puede permitir", tiende a acercarlo al punto donde sí se lo puede permitir. Recuerde que "el que piensa que puede, puede", y "el que piensa que no puede, no puede."

No podemos hacer lo que creemos que "no podemos hacer", no podemos obtener lo que pensamos que no podemos obtener.

Si usted piensa que todo es difícil, eso significa que usted tiene una mente "difícil", una actitud "difícil", una convicción "difícil", y eso es lo que está cortando su suministro.

La idea de la pobreza, la convicción de la pobreza, es un gigante colosal luchando contra los seres humanos y venciendo a multitudes de ellos. Sólo aquellos que conocen "el secreto" del combate, como dice el Dr. W. John Murray, pueden escapar de los golpes fatales de este gigante.

Conozco gente en circunstancias buenas que viven tan completamente en la convicción de la pobreza, que siempre están a la caza de gangas, siempre están comprando cosas baratas, -comida barata, ropa barata, muebles baratos, todo barato. El resultado es que nada de lo que tienen o visten les dura. Mientras andan pellizcando precios, pensando que están ahorrando, realmente gastan más al final en cosas baratas y malas que se descomponen, en lugar de gastar en cosas buenas, que podrían durar mucho más que esos artículos inferiores, por no hablar de la infinitamente mayor satisfacción que darían.

Entrar en la corriente de lo barato no solo estrecha y atasca la vida, sino que deteriora el gusto por y la capacidad de valorar la calidad, al igual que un piano barato, un piano que siempre está desafinado, tiende a deteriorar el gusto musical de los miembros de la familia.

Los cazadores de gangas son casi siempre las víctimas de la falsa economía, y las mujeres son ofensoras especiales en esto. Perderán horas de valioso tiempo, a veces más de un día, y sufren el malestar de andar de una tienda a otra buscando de gangas y tratando de ahorrar unos pocos centavos en alguna pequeña compra que deseen hacer.

Entonces compran prendas y todo tipo de artículos de calidad inferior debido a que el precio es bajo, a pesar de que saben que los artículos no se les ven bien. Compran sólo porque "son baratas", muchas cosas que no necesitan, y probablemente dirán cuánto han ahorrado. Si estas mujeres pudiesen enumerar lo que han gastado así en un año, por lo general encontrarían que -aparte de la pérdida de tiempo y el desgaste-, han perdido más que ganado en sus transacciones. Encontrarían que han gastado más que si sólo hubiesen comprado lo que realmente necesitaban, cuando más lo necesitaban, y aunque hubiesen pagado el precio normal y no "de rebaja".

Hay muchas personas ambiciosas con ideas equivocadas sobre el economizar, que muy rara vez reciben el tipo y calidad de alimentos capaces de construir la mejor sangre y el mejor cerebro. Este caminar sin reforzar el poder físico, ni crear fuerza mental y virilidad, mantiene a multitudes avanzando en la mediocridad, personas que serían realmente capaces de hacer las cosas infinitamente mejor. **_Esta es la economía de la miseria._**

El agricultor ambicioso selecciona las mejores mazorcas de maíz y los mejores granos, frutas y verduras para sus semillas. No puede permitirse el lujo de llenar su precioso suelo con mala semilla.

¿Puede el hombre ambicioso dar lo mejor de sí comiendo alimentos rancios y baratos, que no tienen, o han perdido, sus grandes elementos energizantes? ¿Puede permitirse el lujo de dañar su salud al tratar de ahorrar un poco de dinero a costa de dejar que el fuego de su energía languidezca o muera? Nadie que espere lograr algo en la vida puede darse el lujo de alimentar a su cerebro con combustible pobre. Hacerlo sería tan insensato como lo sería para una gran fábrica usar carbón malo con la excusa de que el carbón bueno era muy caro.

Haga lo que haga, por pobre que sea, no trate de economizar en los alimentos que son combustible, que son el fundamento y secreto de su éxito en la vida.

Para convertirse en un hombre de "clase" debe tener comida de primera clase, y esto no es una extravagancia. No se puede construir un cerebro superior con alimentos adulterados, baratos, inferiores, tragados en una venta de comida barata.

Es lo que usted obtiene de su gasto -no su cantidad-, lo que lo convierte un gasto en sabio o necio.

Por ejemplo, a veces dará el mayor beneficio pagar cinco o diez dólares por una cena donde se puede escuchar hablar a grandes hombres con una reputación de la que todo el mundo habla. En otras palabras, siempre vale la pena entrar en el entorno más excitante de la ambición; el más útil posible.

Es una gran cosa poder escuchar las experiencias de los hombres que han triunfado en los campos en los que estamos luchando; incluso si no son en nuestro campo particular, los principios por los que han tenido éxito son muy similares a los que traen éxito en cualquier campo, y es muy valioso saber cómo se han aplicado en cada caso particular. Hay una sugestión perpetua de éxito que irradia de ellos, que ningún joven ambicioso puede darse el lujo de perder.

El éxito atrae el éxito. El dinero atrae dinero. La prosperidad atrae la prosperidad, y por eso paga rodearse de personas que son prósperas, que han triunfado honradamente en lo que intentaron.

Una economía miserable, de andar "pellizcando", nunca fue pensada para los hijos de Dios. Hay una vida más amplia y más plena para ellos. El hombre fue hecho para cosas buenas, para grandes cosas, para tener todo lo que puede servir a su completo crecimiento y desarrollo.

Si él mismo se condena a una vida estrecha, sin fruto, de limitación y estrechez, no puede culpar a nadie salvo a sí mismo.

Nuestra condición la crean nuestras palabras, nuestros pensamientos, nuestras convicciones, así como el resultado de nuestros esfuerzos.

Si usted está pensando y diciendo constantemente: "No puedo darme el lujo de hacer esto", o "no me puedo permitir eso", "Tenemos que hacer que esto alcance", "El dinero es tan escaso," usted está sembrando la semilla que le dará ese mismo tipo de cosecha.

Su pensamiento de pobreza hará su futuro tan estrecho, y limitada y lleno de pobreza como su presente.

O usted puede escoger pensar en abundancia, y así, sin duda, será su futuro.

23.
Cómo Revelar El Ser Humano Que Usted Está Llamado A Ser

Debemos juzgarnos por lo que nos sentimos capaces de hacer, no por lo que hemos hecho. Nada estimulará sus logros en tan gran medida como el creer en su propia grandeza inherente, en sus posibilidades divinas.

Hay una potencia dentro suyo que, si tan sólo la desbloqueara, haría de usted todo lo que siempre soñó o imaginó que podría llegar a ser. No tenga miedo de pensar demasiado alto de sí mismo. Si el Creador lo hizo -y Él no se avergüenza de su trabajo-, sin duda usted tampoco debería avergonzarse. Él lo pronunció a usted "un trabajo bien hecho", y usted debe respetarlo.

Sostenga persistentemente la idea de que usted está progresando eternamente hacia algo más elevado en cada átomo de su ser. Esto hará que usted crezca, y enriquecerá su vida. Luchar constantemente por estar a la altura de sus más altos ideales, es la única fuerza en el cielo o en la tierra que puede hacer de la suya una gran vida.

Esa visión que aprieta su corazón, ese anhelo de su alma por hacer algo significativo, ese sueño de grandes logros que persigue su imaginación, no es una mera fantasía o una irrealidad caprichosa: es una profecía de las grandes cosas que usted hará si logra poner a su yo superior a trabajar para usted.

Dijo el gran psicólogo William James, "El individuo promedio usa menos del diez por ciento de sus células cerebrales y menos del treinta por ciento de su posible eficiencia física. Todos vivimos por debajo de nuestro máximo logro. Supongamos que una persona, sea por falta de alimentación adecuada, o por algún accidente infantil, alcance sólo el diez por ciento de su posible altura física y sólo el treinta por ciento de su peso normal ¡sería digno de compasión! El desafortunado sería una excusa miserable frente al ser bien proporcionado y perfectamente desarrollado ¡que el Creador planeó!

Sin embargo, con relación a este ser concebido en el plan de Dios, la mayoría de nosotros somos adefesios auto-diseñados, quedándonos cortos en nuestro posible desarrollo no en un diez, ni un veinte, ni un treinta por ciento, ¡sino en un cien por ciento!

Incluso aquellos que subieron la cima de la montaña del logro humano, -Miguel Ángel, Beethoven, Shakespeare, Milton, Dante-, los grandes hombres y mujeres en todos los ámbitos del trabajo creativo, nunca alcanzaron el máximo de su posible realización.

Durante una visita a California, un día me quedé asombrado ante un árbol gigante, en cuya abertura el general John C. Fremont, "El Rompe Caminos de las Montañas Rocosas", y su gente, vivieron durante meses en una expedición del gobierno. Más de cien soldados habían estado en el tronco de este árbol a la vez. Cerca de allí había otro de más de cien metros de altura, que se estima contiene unos doscientos mil pies de madera, suficiente para construir todas las casas de un pequeño pueblo.

A medida que mi ojo recorría sus enormes troncos y ramas, me vino la idea de que si las mismas semillas que produjeron estos gigantes del bosque hubiesen sido plantadas en un país frío del norte, en un suelo con poco alimento, entonces, incluso con el mayor cuidado, habrían sido enanos en vez de gigantes. En lugar de ser capaces de albergar un destacamento de soldados, o de producir suficiente madera para construir todo un pueblo, habrían sido meros matorrales, enanos en lugar de los gigantes que podrían haber sido en condiciones adecuadas para su desarrollo.

Al igual que las condiciones desfavorables en el reino vegetal empequeñecen un árbol con la posibilidad de ser un gigante y lo hacen un enano, así las condiciones desfavorables en el reino animal empequeñecen al posible gigante dentro de un hombre y lo hacen un pigmeo. Pero mientras que el árbol no puede por sí mismo cambiar las condiciones, alterar o mejorar su entorno, los humanos están hechos para dominar su medio ambiente, para doblar a voluntad las condiciones, para superar todos los obstáculos que puedan impedir o retardar su más alto desarrollo posible.

En otras palabras, cada bellota, puede convertirse en un gran roble sólo si las condiciones son adecuadas; pero cada bellota humana, a pesar de las condiciones, sin importar lo malas que sean, puede llegar a ser -si quiere- un gran ser humano. El desarrollo del individuo depende de su ideal de sí mismo, de la imagen mental de su apariencia y entorno que visualice constantemente.

En el tanto pensemos que somos simplemente humanos, hijos de Adán, herederos sólo de sus debilidades y sus limitaciones; en el tanto sigamos convencidos de que somos víctimas indefensas de la herencia, de las circunstancias y del entorno, nunca podremos expresar más que mediocridad, debilidad e inferioridad.

Un gran artista que puso toda su alma en su trabajo nunca admirará pinturas inferiores, porque, dijo, si lo hace podría familiarizarse con falsos ideales artísticos, y su propio lápiz se contaminaría con la mancha de inferioridad. Es la familiaridad con los ideales débiles e inferiores de nosotros mismos, lo que empequeñece y entumece nuestro desarrollo.

En el tanto pensemos que somos pobres e ineficaces "don nadies", ningún poder en el mundo podrá convertirnos en nada más. Nuestra actitud mental fija el límite de nuestro desarrollo. Nada puede salvarnos de nuestra propia convicción de inferioridad, nuestra creencia en la incapacidad de elevarnos por encima de las cosas que nos detienen.

"De hecho, tenemos muchas clases de poderes que habitualmente fallamos en usar", dice el Dr. James J. Walsh. "Hemos adquirido el hábito de no estar a nuestra propia altura."

Este hábito de no estar a su propia altura es lo que lleva a una gran mayoría a subestimar lo que son capaces de hacer. Miden su capacidad por lo que han hecho en el pasado o por lo que otros piensan que pueden hacer, y por ello laboran a lo largo de una estrecha parcela de inferioridad, en el que su verdadero poder nunca se usa. Salvo que algún accidente afortunado intervenga, su 'más grande' ser seguirá siendo desconocido y se irán a la tumba sin haber pasado de la superficie de sus casi ilimitados poderes ocultos.

Recientemente conocí a un hombre que había laborado de una forma muy ordinaria a través de lo que se considera comúnmente como los años más productivos de su vida, sin mostrar ninguna habilidad especial. Incluso, fracasó en varias cosas que había intentado. Pero, a pesar de que no tenía gran confianza en sí mismo, siguió intentándolo, y de pronto, tuvo un gran éxito en un negocio. Su éxito despertó un nuevo hombre en él, le dio un nuevo sentido de poder. Nunca volvió a ser el mismo. Se comportaba con más confianza, con más seguridad. La visión del nuevo poder que había entrevisto en su *gran interior* le abrió los ojos a sus posibilidades, y rápidamente desarrolló una capacidad de negocios maravillosa que nunca antes había entendido que poseía.

Toda su actitud y todos sus métodos de negocio cambiaron. La timidez, indecisión, falta de confianza, una política incierta y tambaleante de vida, dieron lugar a la audacia, la confianza en sí mismo, la rapidez y firmeza de decisión, y siguió a pasos agigantados hasta convertirse en una gran potencia financiera, y un líder en su comunidad. Había encontrado el resorte oculto para abrir la puerta de su vida y dar un vistazo a sus recursos divinos.

No es lo que usted ha hecho o ha dejado de hacer, sino lo que es capaz de hacer ahora. No es lo que usted es ahora, sino lo que sabe que es capaz de llegar a ser,-estos son los hechos importantes de su vida. No importa tanto lo que otros piensan de usted, lo que crean que es posible para usted, sino lo que usted piensa de sí mismo, lo que cree que tiene la capacidad de hacer ¡Eso es lo que cuenta!

Esto es de gran importancia, porque no comenzará a tocar sus posibilidades hasta que conozca su verdadero yo, ese posible "usted" más grande que habita en su interior.

Después de setenta y cinco años de logros individuales maravillosos, Thomas A. Edison dice que el ser humano está aún en la etapa de desarrollo de los chimpancés, y que solo ha logrado dar un simple vistazo a su entorno. El despliegue de sus poderes ocultos ha progresado más rápidamente en los últimos veinticinco años que en cualquier otro periodo en la historia del mundo. Pero el avance en el progreso individual no es nada comparado con la evolución de la que este siglo será testigo. Todo nombre en el Salón de la Fama, todo líder en cualquier campo o actividad hoy, será superado por alguien que todavía es totalmente desconocido.

Es posible que haya en este momento, en este continente, algunos jóvenes que romperán todos los récords en la música, el arte o la literatura. Puede que algún oficinista que hoy trabaja en alguna empresa comercial, sea quien llegará a eclipsar los registros de los grandes príncipes del comercio del mundo. Alguien más grande que Shakespeare quizá esté ahora en pañales.

Cuando cada ser humano despierte su genio dormido y manifieste el gigante que lleva en su gran interior, vamos a tener un mundo de superhombres, una raza de dioses.

John Drinkwater, autor de la gran obra de teatro, "Abraham Lincoln", dice: "Aquel que se realiza de manera más completa a sí mismo, es aquel que asume más aptamente el liderazgo de los hombres, no sólo en los días de su vida en la tierra, sino en la historia en que se convierte a partir de entonces." Y por casi dos mil años no ha habido ningún hombre del que tengamos registro, que se haya realizado tan supremamente hasta en lo más recóndito de su ser, como este americano, Lincoln".

No hay persona alguna, por más humilde su cuna o su entorno, que sacando lo mejor que hay en él y realizándose "hasta en lo más recóndito de su ser", no llegue a ser grande. Pero sólo cada mucho tiempo alguien lo hace, alguien surge que dé a su potencial algo cercano a su expresión más completa, como Lincoln.

Muchas de las minas más ricas del mundo fueron abandonados una y otra vez antes de que su riqueza oculta fuese descubierta por los exploradores más determinados y perseverantes. No satisfechos con la excavación superficial, descendieron a las entrañas de la tierra hasta que encontraron el tesoro que buscaban. Se hicieron fabulosamente ricos, mientras que los sujetos que renunciaron, o sólo pasaron de excavación en excavación, nunca dando ni el tiempo ni la energía suficiente a ninguna; nunca teniendo fe en sus posibilidades al cavar más profundo, murieron en la pobreza. Conozco un hombre que hipotecó todo lo que tenía, pidió prestado todo lo que pudo, vendió incluso hasta su ropa, para juntar el dinero suficiente para excavar un poco más profundo del punto donde el anterior excavador había renunciado, y, sólo unos metros más abajo, encontró una de las minas de plata más ricas del continente.

Los hombres que nunca logran gran cosa, los fracasados, los que "casi lo lograron", son como los buscadores de oro que cavaron sólo un poco en sus parcelas y luego renunciaron, muriendo en la pobreza y la miseria, cuando podrían haber sido ricos más allá de sus sueños más salvajes.

Hay miles de destituidos en el gran ejército del fracaso con capacidad para convertirse en capitanes de la industria y líderes en diferentes vocaciones; hay multitud de empleados, -hombres y mujeres- más capaces que sus empleadores, esforzándose sin remedio en puestos inferiores, con la suficiente capacidad escondida para haberlos hecho grandes en su vocación, pero que nunca tuvieron la garra, el coraje y la perseverancia para excavar y profundizar hasta encontrar el escondite de su tesoro. Sólo excavaron un poco sobre la superficie de su ser, y renunciaron...

Hay tanto éxito material potencial, tanta potencialidad de éxito en muchos de los que fracasan, como en los que tienen éxito. El problema con la mayoría de los fracasos es que nunca cavan lo suficientemente profundo en ellos mismos, para sacar al gran ser humano que se oculta en su interior. Muchos hombres y mujeres nunca descubren su verdadero yo, porque su búsqueda ¡es tan superficial! No piensan con profundidad ni trabajan en el camino correcto, no concentran sus esfuerzos con la intensidad suficiente para abrir la puerta a las posibilidades que tienen bajo llave.

¿Está usted dispuesto a ir por la vida como un pigmeo cuando hay algo en usted que incluso ahora le está diciendo que usted puede ser un gigante? ¿Se esforzará como un gigante para lograr eso tan grande que hay dentro de usted? ¿O se sentará a esperar a que la suerte o algo externo venga en su ayuda, -sea capital externo, o alguien que le dé un "aventón"?

Así, amigo mío, nunca se desplegará el gran ser humano que Dios envolvió en su caparazón. El único poder que desarrollará ese gigante que usted tiene dentro, está justo dentro de usted mismo.

Ni siquiera Dios puede desarrollar la bellota humana que elige seguir siendo un pequeño roble de matorral, en lugar del gigantesco roble humano que el Creador diseño y planeó.

FIN

OTROS TÍTULOS EN ESPAÑOL

MAURICIO CHAVES.

12 Leyes de los Grandes Empresarios. Tener su empresa es el sueño más grande de muchos; pero existen reglas básicas para que no se vuelva pesadilla. El autor comparte veinte años de experiencia como empresario, y de forma sencilla nos comparte sus leyes –muchas aprendidas de forma dolorosa-, para crear empresas exitosas que resistan el paso de los años.

Piensa Éxito. Éxito no es sólo acumular grandes fortunas; sino tener grandes sueños ¡y cumplirlos! En este libro extraordinario, el autor nos enseña a soñar, pero también, a ponernos metas claras y a elaborar planes concretos, creyendo en nosotros mismos y en la gran capacidad que tenemos (pero que muchos se empeñan en negar). Ya es considerado por muchos su libro favorito sobre el éxito. Descubre tú también por qué tantas personas lo están recomendando...

La Pirámide del Apocalipsis (Caballeros de Nostradamus II). Una novela acerca de la búsqueda de respuestas sobre las profecías y el destino. Luego del 2012, en el cual el inconsciente colectivo estuvo dominado por el temor al apocalipsis y a las profecías mayas, las cosas parecieron volver a la "normalidad". Sin embargo, eventos que iniciaron hace años, están a punto de alcanzar su clímax... El autor nos introduce nuevamente en su mundo de profecías ocultas mezcladas con pasajes bíblicos, para crear una historia verosímil, en la cual las fronteras entre la realidad y la fantasía se entremezclan haciendo que el lector se cuestione sus propias creencias...

WALLACE WATTLES:

La Ciencia de Hacerse Rico y La Ciencia de Ser Extraordinario

Los dos mejores libros del autor que inspiró "El secreto", llenos de energía extraordinaria, y de pensamientos capaces de despertar nuestro deseo de ser mejores, de lograr lo mejor, de ser simplemente extraordinarios.

Un Nuevo Cristo. Una nueva forma de ver la misión de Jesús en la tierra.

NAPOLEON HILL:

Piense y Hágase Rico. Español. Nueva Traducción 2013, completa y basada en la versión original de 1938. Entre los 5 libros más vendidos e influyentes de la historia (el primero es La Biblia), esta joya de la motivación personal y el emprendimiento llega en una nueva traducción, fresca y completa, basada en su versión original y sin censura.

Made in the USA
Middletown, DE
15 August 2017